„Noch einmal sprechen von der Wärme des Lebens..."

Texte aus der Erfahrung
von Trauernden

Herausgegeben
von Mechtild Voss-Eiser

Vorwort von Jörg Zink

Herder

Freiburg · Basel · Wien

Zeichnung/Buchcover
von *Katharina Oberhollenzer*/Südtirol
gestorben mit zehn Jahren am 31. Oktober 1992

Neben diesem Herbstbild malte sie unter anderem Schmetterlinge
und drei Tage vor ihrem Tod eine anrührende,
kindliche Kreuzigungsszene mit der Unterschrift:
„Der liebe Gott verzeiht jedem".

Sie und ihre Freundin wurden auf dem Bürgersteig von einem
betrunkenen Autofahrer überfahren.

Gedruckt auf umweltfreundlichem,
chlorfrei gebleichtem Papier

2. Auflage

Alle Rechte vorbehalten – Printed in Germany
© Verlag Herder Freiburg im Breisgau 1997
Satz: Fotosetzerei G. Scheydecker, Freiburg i. Br.
Lektorat: Monika Nadler
Herstellung: Freiburger Graphische Betriebe 1998
Umschlaggestaltung: Joseph Pölzelbauer
Umschlagzeichnung: Katharina Oberhollenzer
ISBN: 3-451-04559-1

Inhalt

Vorwort von Jörg Zink 15

Einführung 19

*Mein Herz fühlt aus den Angeln sich gehoben,
und alle Horizonte sind verschoben*
VERLUST UND VERZWEIFLUNG

Hans Egon Holthusen, *Klage um den Bruder* 29
Johann Wolfgang von Goethe, *Der Tod ist doch
etwas so Seltsames* 29
Rainer Maria Rilke, *Todes-Erfahrung* 30
Gitta Deutsch, *Die Welt ist arm geworden* 31
Gitta Deutsch, *Dein Tod Geliebter* 31
Mascha Kaléko, *Memento* 32
Kerstin Brockmann, *Plötzlich und unerwartet* 33
Bertolt Brecht, *In unserem Land* 34
Rainer Maria Rilke, *Requiem für Wolf Graf
von Kalckreuth* 35
Nelly Sachs, *Chor der Tröster* 36
Hermine Ehrenberg, *Wie werd ich weinen* 37
Friedrich Rückert, *Unglaublich, wie erträgt
ein Herz* 38
Wilhelm Willms, *Engel* 39

Solang mein Herz schlägt, ist darin dein Grab
TOD UND ABSCHIED

Mascha Kaléko, *Elegie für Steven* 43
Anonym, *Die Zeit, sagt man* 44

Friedrich Rückert, *Über alle Gräber wächst...* 44
Marie Luise Kaschnitz, *Was ich bei meiner Reise...* .. 45
Bertold Viertel, *Abschied* 45
Gottfried Benn, *Mutter* 46
Gitta Deutsch, *Wenn ich meine Gedanken...* 46
Albrecht Goes, *Über einer Todesnachricht* 47
Friedrich Rückert, *Du bist ein Schatten am Tage...* .. 48

Ich möchte meine Stimme wie ein Tuch hinwerfen über deines Todes Scherben
TRAUERN UND BEWAHREN

Rainer Maria Rilke, *Requiem für eine Freundin* 51
Sascha Wagner, *Das einzige Kind* 52
Renate Salzbrenner, *Meine beiden Gesichter* 52
Sabine Niebuhr, *Sehnsucht* 53
Maike, *Sehnsucht* 54
Jutta Klinkhammer-Hubo, *... denn es fehlt einer* 55
Antoine de Saint-Exupéry, *Ich kenne jene etwas sonderbaren Familien...* 56
Anne Philipe, *Am Tage deiner Beerdigung* 57
Gitta Deutsch, *Du warst es wert* 57
Gitta Deutsch, *Die Entfernung zwischen dir und mir* . 58
Marie Luise Kaschnitz, *... soll ich mich anklammern...* 59
Marie Luise Kaschnitz, *Dein Schweigen* 60
Dorothee Sölle, *Trauerarbeit* 61

Umsonst habe ich auf einen Tröster gewartet
EINSAMKEIT UND KLAGE

Psalm 69, *Die Schmach bricht mir das Herz* 65
Klagelieder, *Ihr alle, die ihr des Weges zieht* 65
Buch Hiob, *Aus mir spricht die Verzweiflung* 66
Psalm 77, *Meine Seele will sich nicht trösten lassen* .. 67
Sabine Niebuhr, *Warum denn ich?* 68

Jörg Zink, *Mein Gott, ich klage dir meinen Zustand*	69
Psalm 22, *Mein Gott, mein Gott, warum hast du mich verlassen?*	70
Rainer Maria Rilke, *Der Ölbaum-Garten*	71
Rainer Maria Rilke, *Wie sollten wir es nicht schwer haben?*	72
Friedrich Rückert, *Ich bin der Welt abhanden gekommen*	73
Friedrich Rückert, *Ich schäme mich fast*	73
Gitta Deutsch, *Sprechen zu dürfen*	74
Gitta Deutsch, *Wie kann ich es ...*	74
Tina Krug, *Man sagt mir*	75
Dorothee Sölle, *Manche von uns sind so verzweifelt*	76
Werner Bergengruen, *An den Engel*	77

Ich möchte einen Mantel weben aus dem Leid einsamer Stunden
TROST UND GEBORGENHEIT

Irmgard Keun, *Die Trauer, Freund, macht meine Hände dumm*	81
Jesaja, *Siehe, um Trost war mir sehr bange*	81
Johannesevangelium, *Ihr habt jetzt Trauer*	81
Renate Salzbrenner, *Im Land der Trauer*	82
Sabine Naegeli, *Dennoch vertraue ich*	83
Anonym, *Was ist schon der Tod*	84
Franz Kafka, *Das Wort SEIN ...*	84
Sascha Wagner, *Widerspruch*	85
Uwe Kynast, *Die Situation aufnehmen*	86
Franz Kafka, *Der Mensch kann nicht leben ohne*	86
Marie Luise Kaschnitz, *Daß dein Tod für alle anderen ...*	86
Sabine Naegeli, *Ich fürchte nicht mehr mein Unvermögen*	87

Wenn es so weit sein wird mit mir, brauche ich den Engel in dir ...
SCHWACHSEIN UND STERBEN

Friedrich Karl Barth/Peter Horst, *Wenn es so weit sein wird mit mir* 91
Justus Delbrück, *In den Tiefen, die kein Trost erreicht* 92
Agnes Miegel, *Wunderbar verwebt ...* 92
Psalm 91, *Du brauchst dich nicht zu ängstigen* 93
André Gide, *Ich glaube, daß die Krankheiten Schlüssel sind* 94
Carl Zuckmayer, *Nachtgebet* 94
Ute Zydek, *Gegen Todesangst zu sagen* 95
Carl Zuckmayer, *Ich habe Angst vor dem Tod* 95
Henri J. Nouwen, *Ein Gespräch von Zwillingen* 96
Sabine Naegeli, *Heimweh nach unserem Ursprung* .. 97
Anne Steinwart, *Das Sterben* 98
Dietrich Bonhoeffer, *Von guten Mächten treu und still umgeben* 99
Kardinal Newman, *Herr bleibe bei uns* 100

Ihr seid als Blüten früh entschwebt
KIND UND TOD

Friedrich Rückert, *Ihr habet nicht umsonst gelebt* ... 103
Hermine Ehrenberg, *Kindertotenlied* 104
Monja Kallus, *Zu klein* 105
Johann Wolfgang von Goethe, *Bei den unendlich mannigfaltigen Verkreuzungen ...* 106
Hermann Hesse, *Lieber Herr Thomas Mann ...* 106
Hermann Hesse, *Auf den Tod eines kleinen Kindes* .. 107
Eduard Mörike, *Auf meines Kindes Tod* 108
Sylvia Frey-Herkle, *Drei Tage, drei Nächte hielt ich dich im Arm* 109
Monja Kallus, *Für alle, die mich nicht verstehen ...* .. 110

Sascha Wagner, *Denke wieder an die kleine Hand* ... 110
Maria Grünwald, *Gebet wider die Trauer* 111
Wolfgang Hinker, *Fasse meine Tränen in deinen Krug* 112
Renate Salzbrenner, *An Maria* 113
Rose Ausländer, *Dehnen* 114

Ich fasse dich mit meinem Herzen wie mit einer Hand
LIEBE UND ERINNERUNG

Rainer Maria Rilke, *Liebesgedicht* 117
Sigmund Freud, *Man weiß, daß die akute Trauer* 117
Thornton Wilder, *Da ist ein Land der Lebenden* 117
Renate Salzbrenner, *Zu deinem Gedenken* 118
Dietrich Bonhoeffer, *Es gibt nichts, was uns die Abwesenheit* 119
Renate Salzbrenner, *Nur geborgt* 120
Gitta Deutsch, *Daß du so warst* 120
Jörgen Habedank, *das licht der tage* 121
Irischer Segenswunsch, *Wenn ich gestorben bin* 122
Jüdisches Gebetbuch, *Beim Aufgang der Sonne* 122
Jean Paul, *Erinnerung* 123
Sascha Wagner, *Gute Erinnerungen sind die Blumen* 124
Jewgeni Jewtuschenko, *Welche Melodie bist du?* 124

Die Liebe zu dir ist das Bildnis, das man sich von Gott machen darf
ZUVERSICHT UND HOFFNUNG

Else Lasker-Schüler, *An mein Kind* 127
Rose Ausländer, *Hoffnung* 128
Ilse Karsch, *Trauerseminar in Bad Segeberg* 129
Sascha Wagner, *Trauer kann man nicht überwinden* . 130

Jesaja, *Denn ich weiß wohl* 130
Paulus, *Wir wollen euch über die Verstorbenen* 130
Renate Salzbrenner, *Unendlichkeit* 131
Hermine Ehrenberg, *Zeichen* 131
Indianische Weisheit, *Am Ende meines Weges* 132
Michel Quoist, *Als ob es die Toten gäbe!* 132
Kurt Marti, *wenn ich gestorben bin* 133
Sergej Jessenin, *Freund, leb wohl* 134
Dietrich Bonhoeffer, *Gott, zu dir rufe ich* 134
Franz Rosenzweig, *Meine liebe kleine Schwester* 135

Ganz vergessen habe ich so viele Wunder,
die mir einst das Herz erlösten
NATUR UND FRIEDEN

Ina Seidel, *Versäumnis* 139
Albrecht Goes, *Nach schwerem Winter* 140
Friedrich Rückert, *Unruhig ist's in der Natur* 140
Sascha Wagner, *Frühlingsgedanken* 141
Ricarda Huch, *Nicht alle Schmerzen sind heilbar* ... 142
Renate Salzbrenner, *Frühling* 143
Rose Ausländer, *Und* 143
Gitta Deutsch, *Es gibt sie noch* 144
Ilse Karsch, *Wissende Menschen schenkten* 145
Ina Seidel, *Trost* 146
Eugen Roth, *Du weißt, daß hinter den Wäldern* 146
Marie Luise Kaschnitz, *Angenehme Vorstellungen*
von Dingen 147
Robert Musil, *Der Möglichkeitssinn* 148
Bertolt Brecht, *Karsamstagslegende* 149
Rainer Maria Rilke, *Leben ist nur* 149
Peter Härtling, *Hoffnung* 150

Es ist das Jahr des Treibsands
ANPASSUNG UND VERÄNDERUNG

Gitta Deutsch, *Ein Jahr heißt es* 153
Sascha Wagner, *Über das „Stark-Sein"* 154
Albert Camus, *Es gibt nur eine Freiheit* 154
Franz von Sales, *Die Zeit, Gott zu suchen* 154
Rainer Maria Rilke, *Wenn Sie an Gott nicht mehr glauben können* 155
Prediger, *Ein jegliches hat seine Zeit* 156
Gudrun Born, *Alles hat seine Zeit* 156
Friedrich Christoph Oetinger, *Gott, gib mir die Gelassenheit* 158
Iris Bolten, *Ich weiß nicht warum ...* 158
Gitta Deutsch, *Ganz langsam erst* 159
Renate Salzbrenner, *Dein Todestag* 160
Sabine Naegeli, *In den Tag finden* 161
Jörgen Habedank, *woher das kreuz* 162
Hilde Domin, *Ziehende Landschaft* 163

Reicher um das Verlorene und vermehrt um jenen unendlichen Schmerz
WACHSTUM UND VERWANDLUNG

Rainer Maria Rilke, *Wenn etwas uns fortgenommen wird* 167
Rainer Maria Rilke, *Ich möchte Sie, so gut ich es kann, bitten* 167
Mascha Kaléko, *Resignation für Anfänger* 168
Dietrich Bonhoeffer, *Optimismus* 169
Jürgen Moltmann, *„Es ist alles umsonst"* 169
Rainer Maria Rilke, *Trauerarbeit* 170
Albert Camus, *Wenn der Tod die einzige Lösung ist* 170
Albert Camus, *Wie konnte ich* 170

Rainer Maria Rilke, *Sie haben viele und große Traurigkeiten gehabt* 171
Jörg Zink, *Es mag durchaus sein* 172

Noch bist du da
ENDE UND NEUBEGINN

Rose Ausländer, *Noch bist du da* 175
Ilse Karsch, *Ich habe Angst* 176
Eva Zeller, *Brüste sich wer da will* 177
Sascha Wagner, *Du wirst deinen Mut* 178
Martin Walser, *Mut gibt es eigentlich gar nicht* 178
Sabine Naegeli, *Die Gefährdung überwinden* 179
Kurt Marti, *ihr fragt* 180
Hilde Domin, *Nicht müde werden* 180
Sabine Naegeli, *Ausblick* 181
Heinz-Jürgen Harder, *Ich wollte das Leiden vermeiden* 181
Christa Peikert-Flaspöhler, *Unterwegs nach Emmaus* . 182
Wolfgang Federau, *Er ist das Wort...* 183

Ich wünsche dir nicht ein Leben ohne Schmerz
WÜNSCHE UND SEGEN

Jörg Zink, *Ich wünsche dir nicht* 187
Anonym, *Mut zu einem reichen, verwundbaren Leben* 188
Irischer Segenswunsch, *Ich wünsche dir* 189
Dietrich Bonhoeffer, *Nicht alle unsere Wünsche* 190
Kurt Marti, *Glück-Wunsch* 191
Marie-Luise Wölfing, *Der Segen der Trauernden* 192
Erika Bodner, *Mitmenschen, nehmt uns Trauernde an* . 194
Aus Afrika, *Seligpreisung eines alten Menschen* 196
Sabine Naegeli, *Um den Segen bitten* 197
Irischer Segenswunsch, *Vergiß die Träume nicht* 199

Jesaja 61, *Rosen der Gerechtigkeit* 200
Irischer Reisesegen, *Möge dein Weg* 201
Jörg Zink, *Der Aaron-Segen* 202

Anhang 203

Quellenverzeichnis 207
Abbildungsnachweis 220

Vorwort
von Jörg Zink

Es gibt die Erfahrung, daß mitten im Leben das Leben verloren geht. Wer je einen Menschen geliebt hat, weiß es. Wer je so viel von sich selbst weggegeben hat, hinübergegeben in einen anderen Menschen, wie es einem Liebenden geschieht, der weiß, wie wenig von ihm selbst übrig bleibt, wenn ihm der geliebte Mensch genommen wird. Wer je einem Kind das Leben geschenkt hat, kann wissen, daß es sich nie ganz ablöst, sondern immer, für eine ganze Lebenszeit, ein Teil von ihm bleibt. Wenn mein Kind stirbt, bleibe ich nicht übrig, wie ich war. Es geht etwas von mir selbst fort, unbekannt wohin, und nie werde ich wieder der sein, der ich vorher war. Es bricht etwas ab auch von der Welt, in der ich lebe, es reißt etwas auf und wird sich nicht wieder ganz schließen. Und nie wird mich die Schönheit dieser Welt wieder so unmittelbar berühren wie zuvor.

Als unser Sohn, unser erstes Kind, einjährig, sich beim Spiel mit der Schnur seines Jäckchens, die um seinen Hals lief, an einem Wandhaken erhängte, war uns das ganz plötzlich sehr nahe. Und als er, gegen alle ärztliche Vermutung und wie durch ein Wunder, gesund und am Leben blieb, wußten wir genauer, was es heißt, ein Kind zu haben, das Leben eines Kindes als unser eigenes Leben zu begleiten und denen näher zu sein, deren Schicksal es ist, ein Kind zu verlieren.

Darum ist es so nötig, daß wir wiederfinden, was es heißt, andere Menschen in ihren Schicksalen zu begleiten über lange Zeit. Denn die Zeit heilt nicht. Sie tröstet nicht. Sie bestätigt nur immer aufs neue, daß der Verlust unheilbar und daß Trost zumeist kein Trost ist. Nichts wird abgelegt oder überwunden oder gar vergessen. Dazu haben auch die mittlerweile mehr als fünfzig Jahre nicht geholfen, die für viele noch heute lebende Mütter vergangen sind, seit ihre Kinder im großen Krieg den Soldatentod starben. Wichtig bleibt, was der Zeit gerade entgegenläuft, das Erinnern und das immer neue Erinnern. Und gefährlich für das Leben der eigenen Seele ist alles, was Abstand nehmen heißt, Verdrängen oder Vergessen.

Notwendig aber ist, daß, wer nicht vergessen kann und darf, Begleitung findet. Und das in einer Zeit und Welt, der es immer fremder wird, was denn eigentlich Begleitung heißt, in der man es angemessen findet, daß jeder sein eigenes Schicksal übernimmt und daß er mit jeder Art von Schicksal allein zurechtkommt, ohne die Menschen um ihn her damit zu belasten. Solche Begleitung erfordert, was unserer Zeit immer fremder zu werden scheint, daß ein Mensch fähig ist, eigene Interessen zurückzustellen. Wer nicht von sich selbst abzusehen vermag, kann nicht wahrnehmen, was in einem Trauernden geschieht. Solche Begleitung erfordert, daß ein Mensch mit Trauer vertraut ist. Wer sich in die Wahrheit des Daseins mit all seinen Abgründen und Traurigkeiten nicht selbst hineinbegeben kann, wird nicht mit anderen zusammen in Abgründe hinabsteigen können. Wer Trauernde begleiten will, muß wissen, wie Trauer durchlebt und durchgestanden wird. Nämlich nicht mit Hilfe von Ablenkung oder Vertröstung, sondern nur so, daß der Weg durch eine lichtlose Landschaft zu gehen ist. Denn das Licht, das wir am Ende hoffen und glauben, muß geglaubt und kann nicht geschaut werden.

Kein Mitleid ist nötig, wohl aber die Fähigkeit, mitzuleiden. Nicht die Herablassung des Glücklichen zum Trauernden, sondern das gemeinsame Aushalten auf der Sohle der Trauer. Nicht Teilnahme ist nötig, sondern die Fähigkeit, seinen Teil am Schicksal des anderen zu übernehmen. Nicht schnelle Trostworte sind nötig, sondern die Geduld mit der langen Zeit, die vielleicht vergeht, bis das erste Wort eines wirklichen Trostes gelingt. Dies alles aber scheint mir in der langen Lebensarbeit von Mechtild Voss-Eiser geleistet worden zu sein.

Trost besteht ja nicht darin, daß etwas Schönes gesagt wird oder etwas Hoffnungsvolles. Das mag eines Tages dazukommen und dann auch notwendig und hilfreich sein. Trost liegt darin, daß mitten im entgleitenden, im tödlich wegbrechenden Leben ein lebendiger Mensch ist, der auf ein Stück seiner eigenen Lebendigkeit verzichtet, um an der tödlichen Bedrohtheit der Seele eines anderen Menschen teilzunehmen. Trösten kann, wer selbst Trost gefunden hat in seinem Leiden, nicht an einem besonderen Schicksal vielleicht, sondern am Dasein überhaupt wie es ist und wie es in seiner Gänze ist. Trösten kann, wer dabei das Dasein in seiner Gänze umfangen gesehen hat von einer großen, ernsten und strengen Liebe, die hinter allem Schicksal am Werk ist. Trösten kann nicht, wer irgend etwas besser weiß, sondern wer weiß, daß es nichts gibt, das besser zu wissen wäre, und wer sich dem anvertraut, den er hinter allem Schicksal glaubt. Trost ist auch nichts, das einmal ausgesprochen für alle Zeiten gelten will. Trost ist eine Insel in einem Meer von Verzweiflung. Eine Insel im Meer der Zeit. Es ist ein Augenblick, in dem ein Mensch Boden unter den Füßen empfindet, ehe das Wasser ihn wieder zu verschlingen droht. Trost ist, daß es solche Inseln gibt. Worte und Zeichen wie Inseln.

Wenn wir aber Christen sind, kommt etwas Entscheidendes hinzu. Die Menschen früherer Zeiten besaßen zwei Hilfen, von denen wir kaum mehr wissen. Es hatte schon seinen unerhört wichtigen Sinn, daß in Zeiten, in denen so gut wie jede Mutter eines oder mehrere Kinder in deren früher Kindheit verlor, die Schmerzensmutter allüberall an Wegkreuzen, in Kirchen und Kapellen und in den Wohnungen anzuschauen war: Maria mit dem toten Sohn auf dem Schoß, in ihre Trauer versunken. Nirgends wird Maria so dargestellt, wie sie alt ausgesehen und in die Gelassenheit gefunden hätte, die wir unseren Trauernden doch immer so gerne abfordern möchten. Nein. Sie blieb für Jahrtausende die Mutter mit dem Sohn auf den Knien, und so begleitete sie von Generation zu Generation die trauernden Mütter.

Die zweite Hilfe dieser Art war der sogenannte „Schmerzensmann". Das war nicht der Christus am Kreuz, sondern eine von Leid und Schmerz gebeugte Christusgestalt oder das Bild des tief und tödlich verwundeten Christus, der in der Einöde auf einem Stein sitzt, den Kopf in die Hand gestützt als Begleiter für Männer, Väter, die in ihrem Leid versinken. Das Bild des Schmerzensmannes von Hans Multscher, das seit dem 16. Jahrhundert am Hauptportal des Ulmer Münsters stand und heute in der Kirche selbst an einer Wand steht, möchte ich allen Vätern in die Hand geben, die ein Kind verloren haben. Denn es ist die ganz und gar unsentimentale Gestalt eines Menschen, der alles durchlitten hat, auch das Sterben des Glaubens, und der danach wieder stehen muß, der aber noch nicht auferstanden ist, der vielmehr in eine Welt sieht, in der Auferstehung schwer zu glauben ist.

Es hat schon sehr seinen Sinn, daß der christliche Glaube sagt, Gott komme uns Menschen am nächsten in der Gestalt eines geschundenen, zu Tode gefolterten Menschen. Trost war schon immer die Nähe eines Leidenden bei einem Leidenden und die Nähe seiner Liebe. Alles andere ist Spreu.

Die in diesem Buch mit ihren Worten und Gedichten reden, haben viel gelitten. Ich wünsche ihre Stimmen allen, die einen Begleiter brauchen, der weiß, wovon er redet. Sie zeigen nicht einen Weg aus dem Leiden und aus der Trauer, sondern einen Weg im Dunkel eines unbegreiflichen Willens, einen Weg des Einverständnisses auch dort, wo es nichts zu verstehen gibt. Daß am Ende Licht sein wird, das glauben zu können mag ein fernes Ziel sein. Aber es ist ein Ziel, auf das zuzugehen lebensnotwendig ist.

Einführung

"Ich will dir sagen, was dir hilft: Weinen, weil du verlassen bist, denn du bist es. Weil dir kalt ist. Es ist wirklich kalt. Weil dir das Weh das Herz zusammenzieht ...", so spricht der Theologe Jörg Zink den Trauernden an. Wenig „erbaulich". Aber bemerkenswert klar und nüchtern: „Du hast verloren, was dir wichtig war und was dich glücklich gemacht hat. Und vor allem: Du hast auch dich verloren.[1]

*Welt*verlust (Ich bin der Welt abhanden gekommen)[2] und *Ich*verlust (Mein Leben ist mir, ich selbst bin mir abhanden gekommen): beides scheint zusammenzugehören in der tiefen seelischen Krise nach einem Verlust, die wir *Trauer* nennen. Und *Gott?* „Wo ist Gott in dieser Dunkelheit. Werden sich meine Augen an diese Dunkelheit gewöhnen? ... Hat dich je einer dort gefunden? Ich bin in einer Sackgasse und du, mein Gott, hast mich hierher gebracht ...", so die Klage eines verzweifelten Vaters.[3]

Hadern mit Gott, an den man vielleicht nicht einmal „glaubt" und dem man doch den Tod des geliebten Menschen vorwirft.

Die „trauernd Hinterbliebenen" müssen überleben. Und doch ist ihr Leben so selten „unlebendig" geworden. Lebensmüde sehnen sie sich oft nach dem eigenen Tod in der Hoffnung, er könne die Liebenden wieder zusammenführen, die Wärme des Lebens zurückbringen. In einer „Sackgasse", am Ende eines Weges, der unübersichtlich geworden ist. „Allein im Nebel tast

---

[1] Jörg Zink, Trauer hat heilende Kraft, Kreuz-Verlag, Stuttgart 6/1989, S. 11 und 12
[2] vgl. F. Rückert, in diesem Buch, S. 73
[4] Nicolas Woltersdorff in „Klage um einen Sohn", Vandenhoeck & Ruprecht Verlag Göttingen 1988, S. 71

ich todentlang und laß mich willig in das Dunkel treiben. Das Gehen schmerzt nur halb so wie das Bleiben ..."[4]

Zurückbleiben. Nach Abschieden, die schmerzen. Nach Trennungen, die einen zerreißen und den Boden unter den Füßen wegziehen. Nach Verlusten, die einen allein lassen mit der Frage: Was bleibt denn noch in einer zerbrechenden Welt, in der wir es – unsicher und fremd und einsam geworden – mit dem Tod aufnehmen müssen: „Vor meinem eignen Tod ist mir nicht bang, nur vor dem Tode derer, die mir nah sind ... Wie soll ich leben, wenn sie nicht mehr da sind?"[4]

Kälte und *Dunkelheit* und *Liebesverlust*. Verlust des Liebsten. Und die unendliche Sehnsucht, das tiefe Verlangen:

> *Noch einmal sprechen*
> *von der Wärme des Lebens*
>
> *damit doch einige wissen:*
> *Es ist nicht warm*
> *aber es könnte warm sein*
>
> *Bevor ich sterbe*
> *noch einmal sprechen*
> *von Liebe*
> *damit noch einige sagen:*
> *Das gab es*
> *das muß es geben*
>
> *Noch einmal sprechen*
> *vom Glück der Hoffnung*
> *auf Glück*
> *damit noch einige fragen:*
> *Was war das*
> *Wann kommt es wieder?*[5]

---

[4] Mascha Kaléko, aus „Memento", vgl. in diesem Buch S. 32
[5] Erich Fried, in: Lebensschatten – Gedichte. K. Wagenbach, Berlin 1996

Gemessen an der Tiefe dieser Sehnsucht muß schneller, oberflächlicher Trost abprallen. Worte, Texte *zum Trost für Trauernde* – wie müßten sie aussehen ... „in den Tiefen, die kein Trost erreicht"?

Der behutsame Begleiter von Trauernden wird wortscheu, zumindest vorsichtig im Umgang mit Trostworten, maßvoll und bescheiden. Aufmerksam und hellhörig für das, was an „Trost und Hilfe in dem Trauernden selbst wächst". Sensibel für den *Trost, der von den Trauernden ausgeht* ...[6]
Wer von uns darf trösten?[7]
So findet sich in diesem Buch vielleicht wenig an „trostreichen" Texten, wie sie eine „wohlmeinende" Umwelt üblicherweise für den Trauernden bereithält. Dafür etliches an trostlosen Gedichten, so mag es scheinen, die von Trauernden geschrieben sind und *ihre* Erfahrung ausdrücken. „In ihrer Trostlosigkeit für den Leser schon (fast wieder) tröstlich, indem sie ihm Mut machen und helfen, *dort* zu trauern, wo getrauert werden muß", so beschreibt es Erich Fried im Blick auf die Liebes- und Klagegedichte von Gitta Deutsch[8]: Erich Fried, der mit Bedacht gewählt wurde und Titel wie Blickrichtung dieser Textsammlung bestimmt. Die Wiener Autorin Gitta Deutsch, der die Herausgeberin persönlich verbunden ist, tief berührt von ihrer Lyrik.

Bei Gitta Deutsch geht es – wie in vielen anderen Texten dieser Sammlung auch – um Klage, die sich verändert. Um Trauer, die bleibt. Um Trauererfahrungen, die man besser kennenlernt mit der Zeit: um Anpassung und Veränderung, Liebe und Erinnerung, Zuversicht und Hoffnung, Wachstum und Verwandlung, ja auch um Ende und Neubeginn – bei aller

---

[6] vgl. Jörg Zink, Trauer hat heilende Kraft, Kreuz-Verlag, Stuttgart 6/1989, S. 40
[7] fragt Nelly Sachs in ihrem großen Gedicht „Chor der Tröster" (vgl. S. 36)
[8] Erich Fried, Nachwort zu: Gitta Deutsch, An einem Tag im Februar. Gedichte. Salzburger AV-Edition Band 9, Aigner Verlag, Salzburg o. J., S. 36/37

Sehnsucht, die „unverändert" ist, „frisch und lebendig in ihrer Unvernunft"...[9]

Auch um den Versuch, *der Trauer zu entgehen*, sich zwangsläufig anzupassen an eine Trauer vermeidende Umwelt und gleichermaßen um die Einsicht, wie sehr eben dieser Versuch zum Scheitern verurteilt ist.[10]

Es geht um den oft mühsamen Lernprozeß der Betroffenen, was es heißt, *auf seiner Trauer zu bestehen*, sie zu leben, um der Treue zum Verstorbenen willen (... „du bist es wert, daß so viel Traurigkeit geblieben ist an deiner Stelle"[11]), aber auch um der eigenen seelischen und körperlichen Gesundheit willen.

Mühsam für die Betroffenen und lästig für eine Umwelt, die verlernt hat mit Trauer umzugehen: Trauern ja. Aber bitte nicht so laut, möglichst im stillen Kämmerlein und nicht womöglich öffentlich und schon gar nicht zu lange, damit andere nicht auch noch konfrontiert werden mit der Ohn-macht, im Zeitalter der „Macher" und des „Machbaren", ausgerechnet da, wo nichts (mehr) zu „machen" ist ... Der Betroffene wird – früher oder später – leidvoll erfahren, daß für ihn der Weg nicht an der Trauer vorbei, sondern nur durch die Trauer hindurch gehen kann, jener Weg zu einem neuen, warmen Leben.

Nicht „Trauer überwinden" und (endlich) wieder leben ... Vielmehr: Trauern und trotzdem leben oder besser noch: Trauern und eben deshalb hoffnungsvoller und tiefer leben im Sinn der Mutter, die das nach dem Tod ihrer beiden Kinder so formuliert: „Trauer kann man nicht überwinden wie einen Feind. Trauer kann man nur verwandeln: den Schmerz in Hoffnung, die Hoffnung in tieferes Leben".[12]

---

[9] Gitta Deutsch, a.a.O., S. 30
[10] Erich Fried, vgl. a.a.O., S. 36
[11] Gitta Deutsch, vgl. S. 57
[12] Sascha Wagner, vgl. S. 130

„*Trauern und trotzdem leben*" hieß eine große Sendung des Norddeutschen Rundfunks in der Reihe: Gesundheit heute.[13]

Hier wurden wichtige Gedanken ausgesprochen, die mir heute gleichermaßen am Herzen liegen und die ich auch jetzt im Hinblick auf das vorliegende Buch nicht „besser" formulieren könnte:

„Wenn ein Mensch stirbt, den wir lieben, der von großer Bedeutung für unser eigenes Dasein ist – oder nach Trennung und Abschieden *vor* dem Tod – erleben wir eine schwer beschreibbare Erschütterung, die wie ein gewaltiges Beben unsere gesamte Existenz trifft. Nichts wird je wieder sein wie es war. Kein Stein bleibt auf dem anderen. Der innere Aufruhr breitet sich aus von den tiefen Gefühlsschichten unserer Person bis in die letzten Winkel unseres alltäglichen Lebens. Fortan wird es die Nähe und Verbundenheit eines gemeinsamen Weges nicht mehr geben, sondern nur noch ein vorher und nachher, das sich nie wieder zu einer Einheit zusammenfügen läßt.

Abschied, Trennung und Tod löst bei dem, der zurückbleibt, fast immer eine tiefe seelische Krise aus. Eine Grenzreaktion, die ihn verstört, bedroht und bis aufs äußerste belastet. Diese Krise nennen wir *Trauer*. Sie ist die begreifliche Antwort eines Menschen auf eine schwere seelische Verletzung, die ihn in seinen Wurzeln trifft. Wie diese Antwort ausfällt, ob leise und verhalten oder heftig und laut, und ob es dem Trauernden gelingt eine Antwort zu finden, die ihn nicht zerstört, sondern Heilung ermöglicht, hängt von vielen Faktoren ab: der Persönlichkeit des Betroffenen, der Art und den Umständen des Todes, der Beziehung zu dem Verstorbenen und anderem mehr. Vor allem aber hängt sie davon ab, wie er das in Angriff nimmt und bewältigt, was der Psychoanalytiker Siegmund Freud in einem genialen Einfall „*Trauerarbeit*" nannte. Mit ihr ist die Bereitschaft gemeint, sich einzulassen auf einen Prozeß, der für

---

[13] Dipl.-Psych. Elke Herms-Bohnhoff, Autorin und Journalistin, in Zusammenarbeit mit Dr. Mechtild Voss-Eiser und verwaisten Eltern aus Hamburg (Sendung des NDR 1 vom 15. November 1988)

den Betroffenen nicht nur den erlösenden Strom freifließender Tränen bereithält, sondern auch die glühende Lava eruptiver Gefühlsausbrüche, heißer Klagen und Anklagen, quälender Selbstvorwürfe, ohnmächtiger Wut und Verzweiflung. Daß auch diese wilden Gefühle zur Trauer gehören und nicht in den seelischen Untergrund abgeschoben werden dürfen, weil sie dort zum Nährboden für alle möglichen Störungen und Krankheiten werden können, ist wenig bekannt. Dabei könnte die Diagnose „verdrängte Trauer" so manchem Arzt weiterhelfen, einen sinnvolleren Therapieplan aufzustellen, als es das Herumlaborieren an Symptomen ist. Trauer auszuhalten und durchzustehen ist nicht leicht. Weder für den Betroffenen, der in einem langen und schmerzhaften Prozeß die Schwerstarbeit der Trauer auf sich nehmen muß, bis er in einer Art Wiederaufbau vorsichtig Brücken über den Abgrund bauen kann, noch für die Umwelt, die häufig einfach nicht weiß, womit sie es bei der Trauer zu tun hat und deswegen mit Abwehr, Unverständnis und Hilflosigkeit reagiert. Dank der mutigen Vorarbeit der amerikanischen Psychiaterin Elisabeth Kübler-Ross, sind die Tabuthemen Sterben und Tod wenigstens teilweise ins öffentliche Bewußtsein gerückt und haben dort Ansätze zu einem menschlicheren *Umgang mit Sterbenden* gezeigt. Die *Trauer der Hinterbliebenen* ist jedoch weitgehend terra incognita, unbekanntes Land, dessen Erkundung erst langsam vorankommt. Der Anstoß dazu kam, wie so oft in Sachen psychosozialer Forschung, aus England und Amerika, wo es seit den 60er Jahren umfangreiche wissenschaftliche Untersuchungen zum Trauerverhalten gibt mit dem Ziel, daraus Beratungs- und Therapieprogramme für die Hinterbliebenen abzuleiten. Wie notwendig das ist, zeigt ein nüchterner Blick auf die Statistik. In der Bundesrepublik sterben jedes Jahr fast 715.000 Menschen, das heißt alle 40 Sekunden beendet irgendwo ein Mensch sein Leben. Fast 5,5 Millionen Bundesbürger sind verwitwet. Jedes Jahr wird für mehr als 25.000 Mütter und Väter zur grausamen Gewißheit, was wohl der Alptraum aller Eltern ist, ein Kind zu verlieren durch Unfall, Krankheit, Gewaltverbrechen oder Freitod. Nimmt man die vielen anderen Situationen von Verlusten dazu, zum Beispiel durch Trennung, Scheidung, Abschied, so sind wir von einem Heer von Trauernden umgeben, zu dem wir letztlich alle gehören, das wir aber kaum wahrnehmen und von dessen Ausmaß wir uns keine Vorstellung machen. Verlust braucht aber unsere Anteilnahme, unsere Hilfe und Unterstützung. Am intensivsten wohl, wenn ein Kind stirbt. Auch wenn hier der Tod schon Jahre zurückliegt, verschwinden Schrecken, Betroffenheit und Traurigkeit nie. Sie wandeln sich nur, man lernt mit der Trauer zu leben.

In einer Gesellschaft, die sich an Leistung, Stärke, reibungslosem Funktionieren und der Allmachtsfantasie vom unbegrenzten Fortschritt orientiert, hat die Trauer einen schweren Stand. Sie demonstriert allzu augenfällig Schwäche, Ohnmacht und menschliche Begrenztheit. Ebenso wie Sterben und Tod, wird auch die Trauer weitgehend in die Unsichtbarkeit verbannt. Trauernde haben längst aufgegeben, das Straßenbild durch ihren Anblick zu stören. Trauerkleidung ist out, da sie den Betroffenen eher stigmatisiert als schützt. Kinder haben kaum noch die Möglichkeit im Verbund einer großen Familie mitzuerleben, wie man dem Sterben und der Trauer nicht abweisend, sondern mit Zuwendung begegnet. *"Erziehung zur Trauer"* findet nicht statt. Woher sollen da später Angehörige, Freunde, Nachbarn oder Arbeitskollegen die Fähigkeit haben, Trauernden zu geben, was ihnen die Gesellschaft als ganze verweigert, was sie aber dringend brauchen: nämlich einen Ort und einen Rahmen, in dem sie ihr Leid ausleben und ausdrükken können. Daß dies nicht immer so war, davon zeugt die Überlieferung alter Trauerrituale, die auch heute noch praktiziert werden. Zum Beispiel in Griechenland, in der Türkei oder in Kulturen, die wir gern als unterentwickelt abtun. Was für ein Reichtum an Ausdruck und lebendiger Körpersprache steht hier zur Verfügung. Und wie staubig und trocken nehmen sich dagegen unsere eigenen Beerdigungsrituale aus. Was ist zu tun?

Wie kann man die Trauer wieder einsetzen in ihre alten Rechte, die unverzichtbar sind für die Gesundheit des einzelnen? Denn der Mensch braucht die Trauer. Wenn man sie ihm verweigert, wird er krank, seelisch wie körperlich.

Eine Möglichkeit sind Gruppen. Es gibt sie schon länger für Menschen mit Partnerverlust und anderen schweren Krisenerfahrungen. Ein bundesweites Netzwerk, ein Hilfsangebot für Eltern, die ein Kind verloren haben, wurde erst in den 80er Jahren in Gang gesetzt. Hier können die „Verwaisten Eltern", so nennen sich die inzwischen fast 300 Gruppen, durchleiden, erforschen, klären und besprechen, was ihnen die Trauer an Problemen aufgibt.

Sind diese Gruppen ein Ersatz für die alten Rituale, die unserem einseitigen Glauben an die Vernunft zum Opfer gefallen sind? Wo bestimmte Schutz- und Schonräume fehlen, geben sie, so scheint es, fast die einzige Möglichkeit, Trauer zu kanalisieren, zu leben.

Als bequemes Alibi, die Verantwortung für die Trauer und die Trauernden zu delegieren, eignen sich Gruppen und Trauerseminare nicht. Sie entheben uns nicht der Bereitschaft und der Verpflichtung, uns mit dem Phänomen auseinanderzusetzen, das uns ein Leben lang unvermeidbar begleitet. Dazu ist nötig, die eigenen Verlusterfahrungen nicht zugedeckelt und abgepackt in der seelischen Rumpelkammer zu verschließen, sondern sich ihnen zu stellen, denn sie sind die Brücke zur Trauer der anderen. Dazu ist es vor allem nötig, sich von der Trauer der anderen ergreifen zu lassen, um zu begreifen, was es eigentlich heißt, um ein Kind, den Partner, um einen bedeutsamen Menschen zu trauern..."

Aus der Innensicht von Betroffenen zu zeigen was Trauer ist, damit wir ihr so begegnen können, wie es ihr als tiefer menschlicher Grunderfahrung entspricht, dazu sollte die Sendung damals beitragen. Dazu kann auch dieses Buch dienen mit *Texten aus der Erfahrung von Trauernden*. Und – es möge vor allem den Trauernden selbst ein vertrauter und verständiger Begleiter sein.

Mechtild Voss-Eiser im Sommer 1997

*Mein Herz fühlt aus den Angeln
sich gehoben,
und alle Horizonte sind verschoben*

(Hans Egon Holthusen)

VERLUST UND VERZWEIFLUNG

Heidi Matzel, Tonskulptur

„Diese Tonarbeit habe ich lange im Kopf gehabt. Dann fand sie plötzlich ihren Ausdruck", schreibt die verwaiste Mutter *Heidi Matzel*, die um ihren Sohn Michael trauert, der sich 1992 mit 25 Jahren das Leben nahm.

„Meine trauernde Frau hat keine schützende Hand. Ihre Welt ist fast in zwei Hälften gebrochen. Nur ein schmaler Steg hält noch. Zwar ist nichts von der Erde verloren, aber alles ist verrutscht. Die Kanten sind rauh. Keile. Ein Stachel (auf dem Bild nicht sichtbar) richtet sich von der Kugel aus spitz auf die Gestalt. Der Stachel der Welt ... Ich spüre ihn! Die trauernde Mutter – kantig, in sich gekehrt und verschlossen, depressiv ..., in einer aus den Fugen geratenen, ver-rückten Welt."

Der leidende Mensch, Christus als Mit-Mensch: Zermalmt und zerrieben zwischen den Blöcken der Welt. Be-drückt. Gebeugt.

Die eindrucksvolle und eigenwillige Bronze „Ecce Homo" in der Segeberger Akademiekapelle* (von Fritz König, geb. 1924, einer der wenigen bekannt gewordenen abstrakten Bildhauer der Nachkriegszeit in Deutschland) war Anlaß für die Trauernden, diese beiden „Bilder" nebeneinander zu sehen und tiefer zu begreifen: das Mit-leid dessen, der nicht „jenseits des Grabens", sondern auf der Seite der Zerschlagenen steht, im Leiden an einer Welt, in der kein Lebens-Raum mehr bleibt sich aufzurichten, aus sich herauszugehen, aufzustehen ...

---

* Die Evangelische Akademie Nordelbien arbeitet in zwei Häusern: in der Stadtakademie Hamburg und dem Tagungszentrum Bad Segeberg.

Klage um den Bruder

Es war mein Blut, das sich aus dir ergossen.
Nun ist mir alles fremd. Nun gehst du tot
In dieses Dasein ein. So sei mein Brot
Hinfort nicht ohne deinen Tod genossen.

Mein Herz fühlt aus den Angeln sich gehoben
Und sieht die Dinge schwindlig und verändert.
Die Blumen sind mit Todeslicht gerändert,
Und alle Horizonte sind verschoben.

O furchtbar, einen Bruder zu besitzen
Und einmal nur – dies Kreuz ward uns gesetzt –
Berühren dürfen mit den Fingerspitzen!

Ein kleiner Ruck der Zeit hat dich getroffen,
Ein bloßer Lidschlag zwischen jetzt und jetzt,
Und meine Arme bleiben ewig offen.

Hans Egon Holthusen

Der Tod ist doch etwas so Seltsames, daß man ihn, unerachtet aller Erfahrung, bei einem uns teuren Gegenstande nicht für möglich hält und er immer als etwas Unglaubliches und Unerwartetes eintritt. Er ist gewissermaßen eine Unmöglichkeit, die plötzlich zur Wirklichkeit wird. Und dieser Übergang aus einer uns bekannten Existenz in eine andere, von der wir auch gar nichts wissen, ist etwas so Gewaltsames, daß es für die Zurückbleibenden nicht ohne die tiefste Erschütterung abgeht.

Johann Wolfgang von Goethe zu Eckermann am 15. Februar 1830

Todes-Erfahrung

Wir wissen nichts von diesem Hingehn, das
nicht mit uns teilt. Wir haben keinen Grund,
Bewunderung und Liebe oder Haß
dem Tod zu zeigen, den ein Maskenmund

tragischer Klage wunderlich entstellt.
Noch ist die Welt voll Rollen, die wir spielen.
Solang wir sorgen, ob wir auch gefielen,
spielt auch der Tod, obwohl er nicht gefällt.

Doch als du gingst, da brach in diese Bühne
ein Streifen Wirklichkeit durch jenen Spalt,
durch den du hingingst: Grün wirklicher Grüne,
wirklicher Sonnenschein, wirklicher Wald.

Wir spielen weiter. Bang und schwer Erlerntes
hersagend und Gebärden dann und wann
aufhebend; aber dein von uns entferntes,
aus unserm Stück entrücktes Dasein kann

uns manchmal überkommen, wie ein Wissen
von jener Wirklichkeit sich niedersenkend,
so daß wir eine Weile hingerissen
das Leben spielen, nicht an Beifall denkend.

Rainer Maria Rilke

Die Welt
ist arm
geworden
seit es
dich
nicht mehr
gibt

grau hängt
der Himmel
über
weißen
Feldern

und in der
Dämmerung
rieselt
der Schnee
und die
Sehnsucht
leise
über die
leere
flache
Hand

Gitta Deutsch

Dein Tod
Geliebter
war bei weitem
das Schwerste
nicht

schmerzlicher
um vieles
schwerer
bei weitem
Geliebter
ist die Zeit
des dich
Überlebens

Gitta Deutsch

Memento

Vor meinem eignen Tod ist mir nicht bang,
Nur vor dem Tode derer, die mir nah sind.
Wie soll ich leben, wenn sie nicht mehr da sind?

Allein im Nebel tast ich todentlang
Und laß mich willig in das Dunkel treiben.
Das Gehen schmerzt nicht halb so wie das Bleiben.

Der weiß es wohl, dem gleiches widerfuhr;
und die es trugen, mögen mir vergeben.
Bedenkt: den eignen Tod, den stirbt man nur,
Doch mit dem Tod der andern muß man leben.

Mascha Kaléko

Plötzlich und unerwartet

Das Rot der Rosen
klafft unerträglich rot
wie meine lebenden Lippen.

Deine Perlenkette reißt.
Die aufgefädelten Jahre
springen davon,
in alle Himmelsrichtungen.
Zurück bleiben Schuhe,
die niemandem mehr passen.

Der Schnee deckt sachte alles zu.
Kalter Todeshauch
überfriert meinen Blick
wie ein Eisblumenfenster.
Ich krieche in den Winterschlaf,
zieh mich zurück
in den Schattenwald
meiner gesenkten Wimpern.
Die Trauer hält dich fest
wie eine Nabelschnur.

Mein Kopf, ein großer Koffer,
ist vollgepackt mit Erinnerung.
Ich trage schwer daran.

*Kerstin Brockmann**

In unserem Land
Dürfte es trübe Abende nicht geben
Auch hohe Brücken über die Flüsse
Selbst die Stunde zwischen Nacht und Morgen
Und die ganze Winterzeit dazu, das ist gefährlich.
Denn angesichts des Elends
Genügt ein Weniges
Und die Menschen werfen
Das unerträgliche Leben fort.

Bertolt Brecht

Requiem
für Wolf Graf von Kalckreuth
der den Freitod wählte

Sah ich dich wirklich nie? Mir ist das Herz
so schwer von dir wie von zu schwerem Anfang,
den man hinausschiebt. Daß ich dich begänne
zu sagen, Toter, der du bist; du gerne,
du leidenschaftlich Toter. War das so
erleichternd, wie du meintest, oder war
das Nichtmehrleben doch noch weit vom Totsein?...
O dieser Schlag, wie geht er durch das Weltall,
wenn irgendwo vom harten scharfen Zugwind
der Ungeduld ein Offenes ins Schloß fällt...
Daß jedes Liebe wieder von dir abfiel,
daß du im Sehendwerden den Verzicht
erkannt hast und im Tode deinen Fortschritt...
Doch dies ist kleinlich,
zu denken was nicht war. Auch ist ein Schein
von Vorwurf im Vergleich, der dich nicht trifft.
Das, was geschieht, hat einen solchen Vorsprung
vor unserm Meinen, daß wir's niemals einholn
und nie erfahren, wie es wirklich aussah.
Sei nicht beschämt, wenn dich die Toten streifen,
die andern Toten, welche bis ans Ende
aushielten. (Was will Ende sagen?) Tausche
den Blick mit ihnen, ruhig, wie es Brauch ist,
und fürchte nicht, daß unser Trauern dich
seltsam belädt, so daß du ihnen auffällst.
Die großen Worte aus den Zeiten, da
Geschehn noch sichtbar war, sind nicht für uns.
Wer spricht von Siegen? Überstehn ist alles.

Rainer Maria Rilke

Chor der Tröster

Gärtner sind wir, blumenlos gewordene
Kein Heilkraut läßt sich pflanzen
Von Gestern nach Morgen.
Der Salbei hat abgeblüht in den Wiegen –
Rosmarin seinen Duft im Angesicht der neuen Toten
verloren
Selbst der Wermut war bitter nur für gestern.
Die Blüten des Trostes sind zu kurz entsprossen
Reichen nicht für die Qual einer Kinderträne.

Neuer Same wird vielleicht
Im Herzen eines nächtlichen Sängers gezogen.
Wer von uns darf trösten?
In der Tiefe des Hohlwegs
Zwischen Gestern und Morgen
Steht der Cherub
Mahlt mit seinen Flügeln die Blitze der Trauer
Seine Hände aber halten die Felsen auseinander
Von Gestern und Morgen
Wie die Ränder einer Wunde
Die offenbleiben soll
Die noch nicht heilen darf.

Nicht einschlafen lassen die Blitze der Trauer
Das Feld des Vergessens.

Wer von uns darf trösten?
Gärtner sind wir, blumenlos gewordene
Und stehn auf einem Stern, der strahlt
Und weinen.

Nelly Sachs

Wie werd ich weinen

Ich trug dich hinauf
die Stufen der Trauer
über den Tod hinaus
trug ich dich
vorbei an der Mauer
sie riß mir die Haut auf
flogen Schwalben so tief
verhießen uns Regen

Wie werd ich weinen um dich

Ich trug dich hinauf
auf den Gipfel der Trauer
über den Tod hinaus
trug ich dich
vorbei an der Hoffnung
sie riß mir das Herz auf
war nur ein Hagelkorn weiß und klein
tanzten wir Ringelreihn

Wie werd ich weinen um dich

*Hermine Ehrenberg**

UNGLAUBLICH, wie erträgt ein Herz,
Was schon zu denken unerträglich!
Hinhalten Hoffnungen den Schmerz,
Ihn brechend, den sie steigern täglich.

Man hofft und hofft, bis hoffnungslos
Geworden das geliebte Leben,
Dann gibt man auf die Hoffnung blos,
Das Leben war schon aufgegeben.

Friedrich Rückert

Engel

Welcher engel wird uns sagen
daß das leben weitergeht
welcher engel wird wohl kommen
der den stein vom grabe hebt

wirst du für mich
werd ich für dich
der engel sein

welcher engel wird uns zeigen
wie das leben zu bestehn
welcher engel schenkt uns augen
die im keim die frucht schon sehn

wirst du für mich
werd ich für dich
der engel sein

welcher engel öffnet ohren
die geheimnisse verstehn
welcher engel leiht uns flügel
unsern himmel einzusehn

wirst du für mich
werd ich für dich
der engel sein

Wilhelm Willms

*Solang mein Herz schlägt,
ist darin dein Grab*

(Mascha Kaléko)

TOD UND ABSCHIED

Vadim Sidur

Zahlreiche Abbildungen aus dem Werk des russischen Künstlers *Vadim Sidur* (1928–1986) wurden mir auf persönlichem Weg zur Verfügung gestellt. Dies war ein großes Geschenk.

Wir haben in Heft 6/1994 VERWAISTE ELTERN. Leben mit dem Tod eines Kindes eine kleine Dokumentation erstellt und einige Skulpturen des Bildhauers abgebildet (vgl. dort S. 6, 7, 58, 80, 81, 84, 90); so auch – als Cover dieses Heftes – die bewahrenden Hände, die ein Kind halten, was uns an das weltweite Logo der Verwaisten Eltern, der „Compassionate Friends" (TCF) erinnerte.

Sidur, der in und durch seine Kunst einen unparteiischen Pazifismus in der Sowjetunion seiner Tage lebte und dem deswegen zeitlebens sämtliche Mittel entzogen wurden (seine Wohnung war Treffpunkt der oppositionellen Intelligenz, wo man unter anderem Solschenizyn las) lebte von Grabsteingestaltungen für Freunde und Miniversionen für Denkmäler, die er im Keller aufbewahren mußte.

Die Themen seiner eindrucksvollen Plastiken sind Kriegsopfer (er selber erlitt als Soldat im Zweiten Weltkrieg schwere Verletzungen) und Familienbeziehungen; da besonders das Mutter-Kind-Verhältnis. Mit etlichen Arbeiten widmet er sich besonders Eltern, die ihr Kind verloren haben, – wie etwa das Kind als Glocke, das die Eltern zeitlebens erinnert ...

Elegie für Steven

Kein Wort vermag Unsagbares zu sagen,
Drum bleibe, was ich trage, ungesagt.
Und dir zuliebe will ich nicht mehr klagen,
denn du, mein stolzer Sohn, hast nie geklagt.

Und hätt ich hundert Söhne, keiner wäre
mir je ein Trost für diesen, diesen einen!
Sagt ich: hundert? Ja, ich sagte hundert
und meinte hundert. Und ich habe keinen.

Daß man doch lernte, sich vor ihm zu neigen,
der grausam nimmt, was er so zögernd gab.
Solang mein Herz schlägt, ist darin dein Grab.
Ich setze dir ein Mal aus purem Schweigen.

Kein Wort. Kein Wort. Gefährte meiner Trauer!
Verwehte Blätter, treiben wir dahin.
Nicht daß ich weine, Liebster, darf dich wundern,
Nur daß ich manchmal ohne Träne bin.

Mascha Kaléko

Die Zeit,
sagt man,
heilt alle Wunden,
und Leid
wird schwächer
mit der Zeit ...
doch scheinen
mir die trüben
Stunden
oft länger als die
Ewigkeit

Von einer Freundin für Monja Kallus*

Über alle Gräber wächst zuletzt das Gras,
Alle Wunden heilt die Zeit, ein Trost ist das,
Wohl der schlechteste, den man dir kann ertheilen;
Armes Herz, du willst nicht daß die Wunden heilen.
Etwas hast du noch, solang es schmerzlich brennt;
Das verschmerzte nur ist todt und abgetrennt.

Friedrich Rückert

Was ich bei meiner Reise vor allem fürchtete, war gerade
das, was die andern für mich erhofften, daß ich nämlich
zurückkäme als ein anderer, ein neuer Mensch. Ich wollte
aber ein neuer Mensch nicht sein, jedenfalls keiner, der
es fertigbringt, allein, das heißt, ohne dich zu leben.
Überhaupt keiner, der etwas fertigbringt im Sinne gewisser
Fertigkeiten, die nur auf dem Boden der Gefühlsarmut
gedeihen.

Marie Luise Kaschnitz

Abschied

Abschied ist Tod. Das weiß ein jedes Kind
Und läßt die Mutter aus dem Haus nicht fort.
Jemand reist ab. Mein Herz fühlt Meuchelmord.
So viele weiche Wärme mir entrinnt.

Daß ich wie ein Verblutender verbleiche.
Mir ist sehr kalt, ich friere tief – adieu!
Und alles Bleibende tut grausam weh,
Wie aufgerissene, verletzte Herzensweiche.

Soll ich nach Hause gehen, die Papiere
Am Schreibtisch ordnen, einen Stundenplan
Entwerfen, weitertun, mein Ziel bejahn?
Und überwinden, daß ich euch verliere?

Berthold Viertel

Mutter

Ich trage dich wie eine Wunde
auf meiner Stirn, die sich nicht schließt.
Sie schmerzt nicht immer. Und es fließt
das Herz sich nicht draus tot.
Nur manchmal plötzlich bin ich blind und spüre
Blut im Munde.

Gottfried Benn

Wenn ich
meine Gedanken
– zur Probe nur –
für einen Augenblick
an mein Erinnern
stoßen lasse
kehrt der Schmerz
zurück
als hätte ich
vor einer Stunde
erst
von deinem Tod
erfahren

Gitta Deutsch

Über einer Todesnachricht

Fühlt es das Weltherz denn nicht,
wenn so viel Liebeskraft stirbt?
Wiegt ihm ein Leben so leicht,
weiß es so eilig Ersatz?
Wir, ach, wissen ihn nicht
und heißen wohl unersetzlich,
was unserem Herzen entreißt
der großmächtige Tod.
Wege, ihr oftmals begangenen,
wie endet ihr plötzlich im Dickicht!
Stimme, du zwiesprachvertraute,
einsame, fürchtest du dich?

Sie freilich, die er uns nahm,
der geheime Verwandler,
schweigen sie dunkelen Schlaf,
lauschen sie fernem Gesang?
Oder wär's, daß sie wirklich
leicht nur ans Gitter gelehnt
Nachbar noch hießen und Freund
jeglichem Lassen und Tun?
Wär's, daß wir rufen, und sie
kommen, die selig Befreiten,
wär's – und sie blieben für immer
liebend auf unserer Bahn?

Albrecht Goes

Du bist ein Schatten am Tage,
Und in der Nacht ein Licht;
Du lebst in meiner Klage,
Und stirbst im Herzen nicht.

Wo ich mein Zelt aufschlage,
Da wohnst du bei mir dicht;
Du bist mein Schatten am Tage,
Und in der Nacht mein Licht.

Wo ich auch nach dir frage,
Find' ich von dir Bericht,
Du lebst in meiner Klage,
Und stirbst im Herzen nicht.

Du bist ein Schatten am Tage,
Doch in der Nacht ein Licht;
Du lebst in meiner Klage,
Und stirbst im Herzen nicht.

Friedrich Rückert

*Ich möchte meine Stimme wie ein Tuch
hinwerfen über deines Todes Scherben*

(Rainer Maria Rilke)

TRAUERN UND BEWAHREN

Käthe Kollwitz, Zertretene

Die Leidenschaftlichkeit ihres Mitfühlens hält ihr ganzes Leben lang an. Aber – erst das Zusammen dieser Kraft ihres Gefühls *und* die Kraft des Gestaltens, die Stärke ihrer bildlichen Sprache, machen die Größe von *Käthe Kollwitz* (1867–1945) aus.

Die Not, die sie darstellt, ist im allgemeinen stumm. Nur selten wird gejammert oder geweint. So rührt selbst ein Bild wie die „Zertretene" – das Elementare menschlichen Leidens darstellend – unmittelbar ans Herz, ohne sentimental zu sein.

Eigentümlichkeit und Anliegen ihrer Kunst ist zudem, Not zu zeigen ohne anzuklagen. Äußerste Not.

Unser Anliegen (dort wo wir gerade dieses Bild in unserer Arbeit aufgreifen) ist, eine Trauer vermeidende, glück- und erfolgsorientierte Umwelt in „Mitleidenschaft" zu ziehen für die Not derer, die aufgeschreckt und verstört, „zertreten" und leidgeprüft am Leben verzweifeln.

Requiem für eine Freundin

...

Ob man nicht dennoch hätte Klagefrauen
auftreiben müssen? Weiber, welche weinen
für Geld, und die man so bezahlen kann,
daß sie die Nacht durch heulen, wenn es still wird.
Gebräuche her! wir haben nicht genug
Gebräuche. Alles geht und wird verredet.
So mußt du kommen, tot, und hier mit mir
Klagen nachholen. Hörst du, daß ich klage?
Ich möchte meine Stimme wie ein Tuch
hinwerfen über deines Todes Scherben
und zerrn an ihr, bis sie in Fetzen geht,
und alles, was ich sage, müßte so
zerlumpt in dieser Stimme gehn und frieren.

...
Bist du noch da? In welcher Ecke bist du?...
Wenn du noch da bist, wenn in diesem Dunkel
noch eine Stelle ist, an der dein Geist
empfindlich mitschwingt ...
Komm nicht zurück. Wenn du's erträgst, so sei
tot bei den Toten. Tote sind beschäftigt.
Doch hilf mir so, daß es dich nicht zerstreut,
wie mir das Fernste manchmal hilft: *in mir.*

Rainer Maria Rilke

Das einzige Kind

Sprache ist zu klein,
Worte sind zu schwach,
Wie sage ich, was mir
das Bild deiner Züge bedeutet ...

Gesicht meines einzigen Kindes,
Gesicht meines Kindes, das starb:
Licht meiner Stunden,
Licht meines Lebens.
Bleibe
mein strahlend tröstlicher Stern.

Sascha Wagner*

Meine beiden Gesichter

Geht es dir gut,
werde ich gefragt
im Vorübergehn.
Doch, gut, sage ich
und zeige
das passende Gesicht:
mein gutgehendes Gesicht.

Mein anderes Gesicht
verberge ich liebevoll
unter meiner Kleidung.
Zuhause ziehe ich
mich aus.
Dann darf es
seine Trauer tragen

Renate Salzbrenner*

Sehnsucht

Sehnsucht –
schreien will sie
und hat doch keine Stimme.
Laufen will sie
und hat doch keine Beine.
Gefangen tobt sie im Körperhaus.
Sehnsucht –
sie will hinaus
zerreißt die Brust
strömt himmelwärts
und
setzt sich wieder
auf meine Glieder
erfüllt die Seele voller Schmerz.

Sabine Niebuhr*

Sehnsucht

nach den Abenden mit meinem Bruder
nach den Tagen mit ihm, als wir noch beide zusammen waren
nach dem Urlaub mit allen zusammen
nach den Fahrradtouren, die wir gemacht haben
nach den Morgenden, als Anja bei uns war
nach den Weihnachtsabenden, als wir noch zu viert waren
nach den Osterfesten, als wir zusammen suchten
nach den Geburtstagen, die wir zusammen feierten
nach den Tagen auf Mallorca
nach den Gesprächen mit ihm
nach seinen Umarmungen
nach seinen Sticheleien
nach seiner Hilfe, die ich bekam
nach den Abenden, als seine Freunde bei uns waren
nach den Spielen, die er mit mir gespielt hat
nach seinem ansteckenden Lachen
nach seinem Trost, den er mir gab, wenn ich traurig war
nach seiner Liebe, die er mir gab
nach seiner Liebe

*Maike, 13 Jahre alt**

... denn es fehlt einer

Wir wären eigentlich vier
Und sind doch nur drei
denn es fehlt einer
und dennoch fehlt keiner
denn einer ist immer dabei.

Wir wären eigentlich vier
vier Freunde, die durchs Leben gingen
vier, die gemeinsam Lieder singen
vier Kameraden, die zusammen lachten
vier waren's, die oft Späße machten
aber wir sind nur drei
denn es fehlt einer
und dennoch fehlt keiner
denn einer ist immer dabei.

Dabei, wo drei gehen und singen
dabei, wo drei lachen und Späße machen.
In Wirklichkeit kann uns niemand trennen:
auch wenn es so aussieht, als wär'n wir nur drei ...
denn — einer ist immer mit dabei.

*Jutta Klinkhammer-Hubo**

Ich kenne jene etwas sonderbaren Familien, welche an ihrem Tisch einem Toten den Platz freihalten. Sie leugnen das Endgültige. Aber nie schien mir dieser Trotz ein Trost zu sein. Tote muß man zu Toten machen. Dann wird ihnen, in der Rolle des Totseins, eine andere Form des Daseins zuteil. Jene Familien aber verzögern ihre Wiederkehr. Sie machen ewig Abwesende aus ihnen, Tischgenossen, die zu spät daran sind für die Ewigkeit. Sie vertauschen die Trauer für ein leeres Warten. Diese Häuser schienen mir in ein hoffnungsloses Unbehagen getaucht, das ganz anders würgt als der Kummer. Um den Flieger Guillomet, den letzten Freund, den ich verlor und der im Dienste der Flugpost umkam, mein Gott, da hab ich die Trauer auf mich genommen, Guillomet wird sich nie mehr verändern. Er wird nie mehr da, aber auch nie mehr fort sein. Ich habe sein Gedeck von meinem Tisch fortgeräumt, diese überflüssige Schlinge, ihn zu fangen, und habe aus ihm einen richtigen toten Freund gemacht.

Antoine de Saint-Exupéry

Am Tage deiner Beerdigung, als ich vom Friedhof kam,
habe ich gewußt, daß ich oft dorthin zurückkehren würde.
Ich hätte dieselbe sein und dich genauso lieben können,
ohne ihn je wieder zu betreten. Während ich am ersten
Abend die Fensterladen schloß, erblickte ich den mondlosen Himmel, unendlich, erdrückend. Ich war allein auf
der Erde. Ich wünschte, die ziehenden Wolken hätten
mich davongetragen. Ich zog die Vorhänge zu, so wie ein
Tier sich in sein Loch verkriecht...
Ich habe dich zu sehr geliebt, um hinzunehmen, daß dein
Körper verschwindet, und zu verkünden, daß deine Seele
genügt und weiterlebt. Und wie soll man es anstellen, sie
voneinander zu trennen und zu sagen: Dies ist seine Seele,
und das ist sein Leib? Dein Lächeln und dein Blick, dein
Gang und deine Stimme waren sie Materie oder Geist?
Beides, aber unzertrennbar.

Anne Philipe

Du warst es wert
so sehr
geliebt zu werden

Du bist es wert
daß so viel
Traurigkeit
geblieben ist
an deiner
Stelle

Gitta Deutsch

Die Entfernung
zwischen
dir und mir
wächst
unaufhaltsam

so wie ein Zug
aus dem Bahnhof
fährt –
langsam zuerst
dann schneller

so wie sich zwei
an den Händen
halten
bis die Finger sich
zögernd
lösen

so wie dann einer
noch winkt
ein paar Schritte
mitzulaufen versucht
stehen bleibt
sich abwendet
langsam
zurück geht
und jetzt
allein ist

Gitta Deutsch

… soll ich mich anklammern, mich und damit auch dich
am Leben erhalten, oder loslassen, das Haus loslassen, um
das ich meine Arme schlinge, behalt ich dich damit bei
mir oder stoße ich dich fort, immer tiefer in die *Zeitlosigkeit*, in der ein Sichwiederfinden der Seelen so schwer
vorstellbar ist.
Daß ein Gestorbener zuerst nah, dann fern und immer
ferner ist, erfährt jeder Zurückgebliebene, er rätselt aber
an dem *Zeitmaß einer solchen Seelenflucht* unaufhörlich
herum. Wenn ich wann sterbe, kann ich dich noch einholen, wie lange erkennst du mich noch, willst du noch
etwas von mir wissen, treffen wir uns womöglich erst
im Unendlichen, wo nicht mehr die persönliche Liebe,
sondern nur die Liebe an sich, als ein Teil des göttlichen
Wesens, gilt. Warum hast du, da du mich doch liebtest,
in all der Zeit nicht versucht mich nachzuziehen – das
denke ich oft… Es erschreckt mich nur, daß ich dich
unter Umständen nicht mehr einholen, nie mehr einholen
kann.

Marie Luise Kaschnitz

Dein Schweigen

Du entfernst dich so schnell
Längst vorüber den Säulen des Herakles
Auf dem Rücken von niemals
Geloteten Meeren
Unter Bahnen von niemals
Berechneten Sternen
Treibst du
mit offenen Augen.
Dein Schweigen
Meine Stimme
Dein Ruhen
Mein Gehen
Dein Allesvorüber
Mein Immernochda.

Marie Luise Kaschnitz

Trauerarbeit

Sie wurde nicht einmal achtzehn jahre alt
stand auf der schwarz umrandeten karte
die feierlichkeit der leidträger
und dein unüberhörbares lachen mitten darin

Oft habt ihr die öffentlichen gebäude beschrieben
parolen und zeichen der kämpfenden
jetzt sprühen deine freunde für dich
„anne wir brauchen dich wer
braucht schon autos"

Trauer ist etwas organisieren gegen die kälte
gegen vergessen
gegen die fakten
dein unüberhörbares lachen mitten darin
hilft uns beim trauern

Als ich aufblickte in der kapelle
nicht auf den sarg unter blumen dort warst du am
wenigsten
mich umsah bei denen um mich herum
die nicht überfahren worden sind
die zwölfjährigen mit kinderaugen
und die neunzehnjährigen die cool blieben ganz cool
alle sahen dir ähnlich anne
ich konnte die unterschiede nicht mehr finden
alle waren du mit oder ohne tränen
und ich hörte dich losprusten
dein unüberhörbares lachen mitten darin
deinen widerstand gegen die kälte die glätte die kälte
plötzlich
sahen alle dir ähnlich anne

Dorothee Sölle

Umsonst habe ich auf einen Tröster gewartet

(Psalm 69)

EINSAMKEIT UND KLAGE

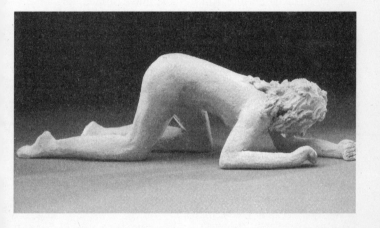

Julie Fritsch, Liegende

Julie Fritsch trauert um ihren kleinen Sohn Justin, der 1986 während der Geburt starb.

Ihr Buch „Unendlich ist der Schmerz. Eltern trauern um ihr Kind", 1995 in deutscher Ausgabe erschienen (vgl. Abb. und weitere Ausführungen, S. 115 f.), ist mit seinen 21 Skulpturen ergreifender, visueller Ausdruck von Schmerz und Einsamkeit: Die Seele schreit, das Herz schmerzt, Geist und Körper leiden an einer entsetzlichen Leere. Aufschrei, der denen unter die Haut geht, die einen erschütternden Verlust erlitten haben. Aber auch denen, die mit Leidenden auf dem Weg sind, sie begleiten.

Der auf dem Boden liegende Mensch. Das ist gelebte Körpersprache. Auch diese Skulptur spiegelt uns mit ungewöhnlicher Ausdruckskraft in der Tiefe unseres Menschseins wider.

Gethsemane-Erfahrung. Auf Trauerseminaren meditiert, zusammen mit einem Bild aus dem syrischen Purpurevangelium (6. Jh.): Jesus – unverwechselbar Mensch. Eine kleine liegende Gestalt, ringend, flehend, einsam. Tiefste Dunkelheit. Abwesenheit von Welt. Und Gott? Wo ist Gott in dieser Dunkelheit?

„Ich bin in einer Sackgasse, und du, mein Gott, hast mich hierhergebracht! Wo bist du in dieser Dunkelheit? Werden sich meine Augen daran gewöhnen? Hat dich je einer dort gefunden?" fragt Nicolas Wolterstorff, ein trauernder Vater, verzweifelt in seinem Buch „Klage um einen Sohn" (Vandenhoeck & Ruprecht, Göttingen 1988, S. 71).

Und „er warf sich auf die Erde und betete. Sich auf die Erde werfen – das ist unserem Kulturempfinden fremd und doch ganz nah bei der Todeserfahrung: In die Erde gelegt zu werden, der Erde zuzugehören; von Erde bist du genommen, – zu Erde wirst du werden". (Dazu: Gethsemane. Die innere Sterbe-Erfahrung, in: Michael Schibilsky, „Trauerwege. Beratung für helfende Berufe", Patmos Verlag, Düsseldorf [4]1994, S. 141).

Ohn – macht. Die Unausweichlichkeit eines Weges. Kreuzweg. Tod. Durchkreuzte Lebenswege ...

Die Schmach bricht mir das Herz,
und macht mich krank.
Umsonst habe ich auf Mitleid gewartet,
auf einen Tröster, doch habe ich keinen
gefunden.

Psalm 69,21

Ihr alle, die ihr des Weges zieht,
schaut doch und seht,
ob ein Schmerz ist wie der Schmerz,
den man mir angetan.
Fern sind alle Tröster, mich zu erquicken.

Klagelieder 1,12.16b

Aus mir spricht die Verzweiflung

Wenn jemand meinen Kummer wiegen wollte und mein Leiden auf die Waage legte – sie wären schwerer als der Sand im Meer. Was Wunder, wenn ich wirre Reden führe! Warum gibt Gott mir nicht, was ich erbitte? Und warum tut er nicht, worauf ich warte? Zu sterben wäre mir ein Trost in aller Qual. Was er, der Heilige, befohlen hat, dagegen hab' ich niemals rebelliert. Woher nehm' ich die Kraft, noch auszuhalten? Wie kann ich leben ohne jede Hoffnung?
Sinnlos vergeht ein Monat nach dem andern, und Nacht für Nacht verbringe ich mit Schmerzen. Leg' ich mich nieder, schleppen sich die Stunden; ich wälze mich im Bett und kann nicht schlafen und warte ungeduldig auf den Morgen. Ganz ohne Hoffnung schwinden meine Tage. Deswegen werde ich den Mund nicht halten, ich lasse meiner Zunge freien Lauf. Was mich so bitter macht, das muß heraus! Weshalb, Gott, quälst du mich mit Träumen, mit Visionen und füllst mein Herz mit namenloser Angst. Mir wär' es lieber, wenn du mich erwürgtest; der Tod ist besser als ein solches Leben! Ich bin es satt, ich mag nicht weiter kämpfen. Mein ganzen Leben ist doch ohne Sinn.

Aus Hiob 6 und 7

Meine Seele will sich nicht trösten lassen

Laut will ich schreien zu Gott,
mit aller Kraft, damit er mich hören möge.
Denn ich bin in Not und ich suche Gott.
Nächtelang ist meine Hand ausgestreckt,
und meine Seele will sich nicht trösten lassen.
Ich denke an Gott und seufze...
Will er nie mehr gnädig sein?
Ist seine Treue ein leeres Wort?
Hat er das Erbarmen verlernt
oder hat er im Zorn das Mitleid vergessen?
Das ist mein Schmerz,
daß Gott heute so anders handelt.

Aus Psalm 77

Warum denn ich?

Ganz laut ruf' ich um Hilfe —
niemand kann es hören.

Um einen Blick nur betteln meine Augen —
niemand hält ihm stand.

Mein Herz krampft sich zusammen, schmerzt und blutet —
niemand kann es sehn.

Nach einem Wort des Trostes lauschen meine Ohren —
niemand spricht es aus.

Oh, diese Not! So hilflos, so allein.
Es ist zu viel.
Und niemand kann's ertragen.
Wer hört mein „unerhörtes" Fragen:
Warum denn ich?

*Sabine Niebuhr**

Mein Gott, ich klage dir meinen Zustand,
und rede von dir
und fühle mich dennoch verlassen!

Ich möchte dir vertrauen
und ängstige mich dennoch.
Ich rede zu dir
und weiß doch nicht,
ob du mich hörst!
Ich möchte deinen Willen erfüllen
und weiß doch nicht,
was ich tun soll.
Ich weiß, daß du mich führst
und sehe dennoch keinen Weg.
Ich weiß, daß mein Geschick von dir kommt
und kann es nicht annehmen.
Ich weiß, daß du mir Licht zugedacht hast
und versinke in meinen dunklen Gedanken.
Ich weiß, daß du mir Freiheit bestimmt hast
und fühle mich dennoch gefangen.
Ich weiß, daß dein Zeitplan anders ist als der meine
und habe dennoch keine Geduld.

Es ist leer in mir!

Ich wiederhole die Worte,
die ich früher einmal verstanden hatte:
„Ich weiß, daß du mich nicht verlassen wirst".

Nein, mein Gott –
Ich weiß es nicht.
Ich glaube es.
Ich möchte es glauben.
Hilf mir!

Jörg Zink

Mein Gott, mein Gott, warum hast du mich verlassen? Warum hörst du nicht, wie ich schreie, warum bist du so fern? Mein Gott, Tag und Nacht rufe ich um Hilfe, doch du antwortest nicht und schenkst mir keine Ruhe. Du bist doch der heilige Gott, dem Israel Danklieder singt! Auf dich verließen sich unsere Väter, sie vertrauten dir, und du hast sie gerettet. Sie schrien zu dir und wurden befreit; sie hofften auf dich und wurden nicht enttäuscht.

Psalm 22

Der Ölbaum-Garten

Er ging hinauf unter dem grauen Laub
ganz grau und aufgelöst im Ölgelände
und legte seine Stirne voller Staub
tief in das Staubigsein der heißen Hände.

Nach allem dies. Und dieses war der Schluß.
Jetzt soll ich gehen, während ich erblinde,
und warum willst Du, daß ich sagen muß,
Du seist, wenn ich Dich selber nicht mehr finde.

Ich finde Dich nicht mehr. Nicht in mir, nein.
Nicht in den andern. Nicht in diesem Stein.
Ich finde Dich nicht mehr. Ich bin allein.

Ich bin allein mit aller Menschen Gram,
den ich durch Dich zu lindern unternahm,
der Du nicht bist. O namenlose Scham ...

Später erzählte man: ein Engel kam —.

Warum ein Engel? Ach es kam die Nacht
und blätterte gleichgültig in den Bäumen.
Die Jünger rührten sich in ihren Träumen.
Warum ein Engel? Ach es kam die Nacht.

Die Nacht, die kam, war keine ungemeine;
so gehen hunderte vorbei.
Da schlafen Hunde, und da liegen Steine.
Ach eine traurige, ach irgendeine,
die wartet, bis es wieder Morgen sei.

Denn Engel kommen nicht zu solchen Betern,
und Nächte werden nicht um solche groß.
Die Sich-Verlierenden läßt alles los,
und sie sind preisgegeben von den Vätern
und ausgeschlossen aus der Mütter Schooß.

Rainer Maria Rilke

Wie sollten wir es nicht schwer haben?
Und wenn wir wieder von der *Einsamkeit* reden, so wird immer klarer, daß das im Grunde nichts ist, was man wählen oder lassen kann. Wir *sind* einsam. Man kann sich darüber täuschen und tun, als wäre es nicht so. Das ist alles. Wieviel besser ist es aber, einzusehen, daß wir es sind, ja geradezu, davon auszugehen.

Denn im Grunde, und gerade in den tiefsten und wichtigsten Dingen, sind wir namenlos allein, und damit einer dem andern raten oder gar helfen kann, muß viel geschehen, viel muß gelingen, eine ganze Konstellation von Dingen muß eintreffen, damit es einmal glückt.

Rainer Maria Rilke

Ich bin der Welt abhanden gekommen,
Mit der ich sonst viele Zeit verdorben;
Sie hat so lange nichts von mir vernommen,
Sie mag wohl glauben, ich sei gestorben!
Es ist mir auch gar nichts daran gelegen
Ob sie mich für gestorben hält.
Ich kann auch gar nichts sagen dagegen,
Denn wirklich bin ich gestorben der Welt.
Ich bin gestorben dem Weltgetümmel
Und ruh' in einem stillen Gebiet.
Ich leb' allein in meinem Himmel,
In meinem Lieben, in meinem Lied.

Friedrich Rückert

Ich schäme mich fast, es zu gestehn!
Es ist soviel in der Welt geschehn
Seit diesen dreizehn Wochen,
Soviel, das werth der Rede war,
Ist geschehn in dem Vierteljahr,
Seit euer Herz gebrochen;
Ich aber habe bei Tag und Nacht
Wenig andres als das gedacht,
Und wenig als daß gesprochen,
Seit diesen dreizehn Wochen,
Daß euer Herz gebrochen.

Friedrich Rückert

Sprechen zu dürfen
von dir
mit denen
die dich kannten
dich liebten

Sprechen zu können
von dir
wie du warst
dich in Worten
wiedererleben
nur ein paar
Stunden lang

Und dann
einzuschlafen
vor dem nächsten
Alleinsein
das doch
unausweichbar
wartet

Gitta Deutsch

Wie kann ich es
– wem und wozu auch –
klar machen
daß Alleinsein
nicht dasselbe ist
wie Einsamkeit
daß Einsamkeit
noch lange
nicht
dasselbe ist
wie
ohne dich
sein

Gitta Deutsch

Man sagt mir,
ich solle es nicht so schwer nehmen.
Man sagt mir,
das Leben ginge weiter.
Man sagt mir,
jeder müßte lernen
Verluste zu überwinden.
Man sagt mir,
jede Prüfung des Lebens
brächte mich weiter.
Man sagt mir,
die Zeit läßt jeden Schmerz vergehen.
Aber
hier und jetzt bin ich allein!
Laßt mich nicht alleine
in diesen Abgrund stürzen ...

*Tina Krug**

Manche von uns sind so verzweifelt
daß sie nichts sagen können
daß sie nicht klagen können
sie bleiben stumm
ihr Leben lang
    Gott, bitte, hör ihre Klagen
    wenn sie vor dem geleerten Glas sitzen
    sieh ihren Schrei in den fahrigen Gesten
    Gott, hör du, was sie *nicht* sagen
Manche von uns sind so verzweifelt
daß sie nicht weinen können ...
Sie bleiben trockenen Auges
ihr Leben lang
    Gott, bitte, sieh ihre Traurigkeit
    vergib ihnen ihre Versteinerung
    und sammle die ungeweinten Tränen
Manche von uns sind so verzweifelt
daß sie noch nie einen Engel gesehen haben
Sie leben ohne daß jemand sie fragt
Frau, warum weinst du?
Sie glauben dir deine Geschichte nur halb
und bleiben allein beim Weinen
    Gott, bitte, schick doch einen oder zwei Engel
    die fragen Warum weinst du?
    schicke eine von uns zu fragen warum
    damit wir alle nicht allein bleiben
    vor den Gräbern
    wo unsere Hoffnungen verscharrt liegen
    und lehr uns klagen
    und lehr uns weinen
    und zeig uns die Engel
    die schon am Grab auf uns warten

Dorothee Sölle

An den Engel

Wenn mich alle Liebe läßt,
Engel, halte du mich fest...

Worte gib, dich zu beschwören,
Worte, daß dir nichts verbleibt
als den Rufer zu erhören,
den der Strom ins Dunkel treibt...

Engel, sei du mein Geleit,
Engel, reiß mich aus der Zeit.
Engel, führ mich, wie es sei
einmal noch. Dann bist du frei.

Nimm von meiner Brust den Stein.
Laß mich, Engel, nicht allein.

Werner Bergengruen (Auszug)

*Ich möchte einen Mantel weben
aus dem Leid einsamer Stunden*

(Irmgard Keun)

TROST UND GEBORGENHEIT

Persönliches Leiden wird im Werk des norwegischen Malers *Edvard Munch* (1863–1944) Form und Textur. „Die Bilder sind meine Kindheit und mein Elternhaus. Kaum ein anderer Maler hat sein Thema so wie ich bis zum letzten Schmerzensschrei durchlebt" sagt er von sich selbst. Die Erlebnisse von Krankheit und Tod in Kindheit und Jugend prägen sein ganzes Leben.

Unbequem und sperrig, unkonventionell, ja provokativ ist die „autobiographische Malerei" für seine Umwelt.

Trauerarbeit. Arbeit an der Vergegenwärtigung vergangener, aber noch nicht überwundener Leiden. Klärung und Verwandlung des Leides durch Wiederholung. Als ästhetische Kategorie ist diese bei Munch nicht formales Exerzitium mit unterschiedlichen Bildmitteln wie bei anderen Malern, sondern notwendiges, not-wendendes Verfahren zur Klärung des Leids auf der Suche nach immer neuer „Deckungsfähigkeit" der einen Vision. Nicht verdrängen, sondern erinnern! Nicht „Bewältigung" durch Gewaltakte, sondern fortlaufende Auseinandersetzung mit der eigenen Trauer- und Lebensgeschichte.

Eine Parallele: reden und erzählen und immer wieder erzählen dürfen. Ein Vorgang, in dem sich trauernde und schluchzende Menschen nicht „immer wieder die gleiche Geschichte erzählen", ein Prozeß vielmehr, in dem sich Leid im Erleben der Betroffenen verändert. *Wie* wichtig ist uns das heute bei der Begleitung von Trauernden in unzähligen Gruppen geworden (vgl. das Stichwort „biographisches Gespräch" und „Lebensbilanzarbeit" etwa bei Michael Schibilsky).

Bedeutsam wurden im Rahmen der Segeberger Trauerseminare vor allem Betrachtungen, Bildmeditationen und Gespräche, die an verschiedene Gemälde von Munch anknüpfen. An „Das kranke Kind", das – in immer neuen Bearbeitungen – sein ganzes Leben durchzieht und in dem wir zutiefst Geschwistertrauer erleben. Er malte dieses Bild 1885 zum ersten Mal, nachdem acht Jahre zuvor seine Schwester Sophie (wie auch die Mutter) an Tuberkulose gestorben war; einige Jahre später starb seine Schwester Laura. Auch der Tod mehrerer Künstlerkollegen wie der Tod des Vaters schließlich stürzten den jungen Künstler in tiefe Krisen …

Bedeutsam für die Trauernden auch „Der Schrei" (1893), „Tote Mutter und Kind" (1899/1900) und nicht zuletzt die hier aufgegriffene Zeichnung „Trost" von 1907.

Die Trauer, Freund macht meine Hände dumm,
Wie soll ich aus dem schwarzen Blut der Grachten
Kränze winden?
Das Leid, mein Freund, macht meine Kehle stumm,
Wo bist du, Freund, ich muß dich wiederfinden.

Die Tränen sterben mir, denn du bist tot,
Zerbrochene Gräber scheinen mir die Sterne,
Es fließt, es fließt der Strom der großen Not
Aus jedem Grab der unerreichten Ferne.

Ich möchte einen Mantel weben aus dem Leid
Einsamer Stunden, kann man Tote noch beschenken?
Man kann nur dankbar sein für jede Stunde Zeit,
Die Gott noch gibt, um liebend zu gedenken.

Irmgard Keun (für Joseph Roth)

Siehe, um Trost war mir sehr bange.
Du aber hast dich meiner Seele
herzlich angenommen,
daß sie nicht verdürbe

Jesaja 38,17

Ihr habt jetzt Trauer,
aber ich will
euch wiedersehen,
und euer Herz wird
sich freuen
und eure Freude
soll niemand von euch nehmen.

Joh. 16,22

Im Land der Trauer

Im Land der Trauer
will die Nacht
nicht mehr aufwachen.
Mond und Sterne haben
längst ihr Leuchten
eingestellt.
Selbst die Schatten
gingen in der Finsternis
verloren.
Schwarze Gräser
säumen unseren Weg,
den wir nicht
sehen.

Doch jede Hand,
die man uns
entgegenstreckt,
verwandelt sich
in Licht.

*Renate Salzbrenner**

Dennoch vertraue ich

Für die Inseln des Trostes
mitten in einem Meer von Leid
danke ich dir, Herr, du mein Gott.
Du führst mich durch unwegsame Schluchten,
großen Schrecken bin ich ausgeliefert
und bin dennoch behütet.
Meine Kraft ist längst erschöpft,
aber du trägst mich hindurch.
Nicht daß die Stimmen des Mißtrauens
und des Sichauflehnens
verstummt wären in meinem Herzen,
aber
sie verlieren ihre Macht...
Ich erfahre, was Verzweiflung heißt,
aber gleichermaßen umgibt mich
das Geheimnis des Getröstetseins.
Auch wenn die Finsternis noch wächst,
sie ist nicht die einzige Wirklichkeit
meines Lebens.
Wenn meine Augen vertraut geworden sind
mit der Dunkelheit,
kann ich wahrnehmen,
daß immer noch Licht einfällt:
Du schenkst mir Menschen,
die sich meiner Klage nicht verschließen,
die für mich einstehen vor dir...

Sabine Naegeli

Was ist schon der Tod

Ich habe mich nur in den
nächsten Raum geschlichen.
Ich bin ich und du bist du.
Was je füreinander wir waren,
das sind wir noch immer.
Nenne mich bei meinem alten,
vertrauten Namen,
sprich zu mir ungezwungen,
wie du es immer tatest.
Ändere deinen Ton nicht,
trage kein sorgenvolles oder ernstes Gesicht.

Was ist schon der Tod?
Ein Unfall, sicher,
aber nicht mehr!
Warum solltest du nicht
weiterhin an mich denken,
nur weil du mich nicht mehr siehst?

Was ist schon die Zeit,
die uns trennt?
Ich warte auf dich,
Irgendwo, nur um die Ecke,
sehr nahe bei dir

Alles ist gut.

Anonym

Das Wort SEIN
bedeutet im Deutschen beides:
DASEIN und IHM GEHÖREN

Franz Kafka

Widerspruch

So einfach ist das nicht
geliebte Freunde –
So einfach ist das nicht,
du sanfter Gast
im Nebenzimmer.
Denn ich war mehr als ich:
ein Teil warst du!

Natürlich nenn' ich dich
beim alten Namen.
Doch „ungezwungen sprechen"
wie zuvor?
Und ohne Klage, Schrei und Tränen,
sanft und leise?

Der Tod ist manchmal Unfall – sicher …
immer Trennung!
Und denk' ich jetzt an dich
so brennt mein Herz vor Sehnsucht,
schmerzen meine Hände,
die dich suchen.

Und woher weißt du,
wohlgetroster Toter,
daß du „nur um die Ecke"
auf mich warten kannst?

Wir sind doch alle Zweifler,
hier und da.

Nimm nicht dem Tod
die Wahrheit seiner Trauer.
Und tröste nicht mit Balsam,
der nicht heilt.

*Sascha Wagner**

Die Situation aufnehmen.
Erkennen, daß du helfen mußt.
Einer ruft dich, du wirst gebraucht.

Nimm deine Hand zuhilfe: Streicheln.
Gebrauche deinen Mund : Fragen.
Benutze dein Ohr: Zuhören.
Verwende dein Gehirn: Zusammenhänge klarmachen.
Setze dein Herz ein: Alternativen aufzeigen.

Trösten ist Arbeit an der Seele des Anderen.
In Zusammenarbeit mit Gott.

Uwe Kynast

Der Mensch kann nicht leben ohne ein dauerndes Vertrauen
zu etwas Unzerstörbarem in sich, wobei sowohl das Un-
zerstörbare als auch das Vertrauen ihm dauernd verborgen
bleiben können. Eine der Ausdrucksmöglichkeiten dieses
Verborgenbleibens ist der Glaube an einen persönlichen Gott.

Franz Kafka

…Daß dein Tod für alle anderen eine bedauerliche Tatsache, für mich aber ein lebendiger Prozeß, immer noch
Anziehung, Abstoßung, Nähe und Ferne war, wollte
niemand verstehen. Allenfalls glaubte man, daß ich nachts
in deinem Zimmer ein paar Tränen vergösse, aber die
flossen nicht, weil da so viel mehr war als Wehmut, der
leidenschaftliche und angstvolle Wunsch, dich dort, wo
du bist, glücklich zu wissen…

Marie Luise Kaschnitz

Ich fürchte nicht mehr mein Unvermögen

Mein Glaube ist nur
ein brüchiger Steg
über Abgründen;
der nächste Windstoß schon
kann ihn spurlos
mit sich hinwegreißen.

Vertrauen
ist nicht ein Wort
meiner Muttersprache.
Noch heute
reiße ich mir
die Hände daran wund.

Du aber, Herr,
hast mir Brücken gebaut
über den Tiefen.
Deine Hand führt
mich sicher zu dir.
Du überwindest
mein Ur-Mißtrauen.
Ich fürchte nicht mehr
mein Unvermögen.
Ich freue mich
deiner Kraft.

Sabine Naegeli

*Wenn es so weit sein wird mit mir,
brauche ich den Engel in dir...*

(Friedrich Karl Barth/Peter Horst)

SCHWACHSEIN UND STERBEN

„Wenn es so weit sein wird mit mir, brauche ich den Engel in dir..." Das ist der Ruf, der An-spruch des verzweifelten, einsamen oder hilfsbedürftigen Menschen. Nicht nur (und nicht erst) am Ende eines Lebens, wenn die „natürlichen" Kräfte nachlassen und der Tod zu erwarten steht, vielmehr auch, wenn der junge Mensch das Grauenhafte und den Tod aus unbarmherziger Nähe erfährt.

Der Künstler *Christoph Manshardt* nahm sich 1985 mit 25 Jahren das Leben. Nicht zu übersehen ein Thema insbesondere, das er gestaltet hatte: Hoffnungsloses Abgetrenntsein von Liebe und Zärtlichkeit, Qual und Verletztheit, Einsamkeit (eine Dokumenta zu seinem „Freitod und künstlerischen Vermächtnis" in: VERWAISTE ELTERN. Leben mit dem Tod eines Kindes 2-3/1991-92, S. 18-29).

Seine Mutter, Johanna Manshardt, die in Hamburg einer der ersten Selbsthilfegruppen für Verwaiste Eltern angehörte, sieht in dem Freitod „eine bittere Herausforderung, seinem Idealismus und der so konsequent gelebten Idee unaufgebbarer menschlicher Werte Gewicht zu verleihen und ihre Kräfte einzusetzen für ein menschlicheres Leben und eine Welt, in der wir ohne Scham leben können". Sie fühlt sich einbezogen in diesen starken Willen und in Übereinstimmung mit ihrem Kind ... (a.a.O., S. 29)

Hier klingt eine ganz besondere Erfahrung von Trauernden an, nämlich sich den Prozeß des Verstorbenen, den wir – wie diesen selbst – vermissen, bewußt zu machen, seine Energie in das eigene Leben zu integrieren.

Trauerarbeit ist ja oft der Beginn eines Prozesses, der die Sehnsucht der Überlebenden nach diesem verlorengegangenen Prozeß ausdrückt. Wenn die Trauernden unterstützt werden, den „Lebensmythos" des Verstorbenen, seine Lebensmelodie (die im Zentrum der Verwundung liegt), seinen „Traum" aufzugreifen und zu leben, erfahren sie oft eine eigenartige Präsenz und Nähe, die wesentlich zur Überwindung des Verlustschmerzes beiträgt.

Das ist etwas anderes als „den Verstorbenen loslassen" um jeden Preis (als ob damit die Trauerarbeit „geschafft" sei) und – zentrale, ja fast erlösende Botschaft der Prozeßorientierten Psychologie, in unseren Trauerseminaren vertreten durch Max Schuepbach/USA.

Wenn es so weit sein wird mit mir,
brauche ich den Engel in dir.

Bleibe still neben mir
in dem Raum,
jag' den Spuk, der mich schreckt,
aus dem Traum,
sing' ein Lied vor dich hin,
das ich mag,
und erzähle was war
manchen Tag.

Zünd' ein Licht an,
das Ängste verscheucht,
mach die trockenen Lippen
mir feucht,
wisch' mir Tränen und Schweiß
vom Gesicht,
der Geruch des Verfalls
schreck' dich nicht.

Halt' ihn fest, meinen Leib,
der sich bäumt,
halte fest, was der Geist
sich erträumt,
spür' das Klopfen, das schwer
in mir dröhnt,
nimm den Lebenshauch wahr,
der verstöhnt.

Wenn es soweit sein wird
mit mir,
brauche ich den Engel
in dir.

Friedrich Karl Barth / Peter Horst

In den Tiefen, die kein Trost erreicht,
laß doch deine Treue mich erreichen.
In den Nächten, da der Glaube weicht,
laß nicht deine Gnade von mir weichen.

Auf dem Weg, den keiner mit mir geht,
wenn zum Beten die Gedanken schwinden,
wenn die Finsternis mich kalt umweht,
wollest du in meiner Not mich finden.

Wenn die Seele wie ein irres Licht
flackert zwischen Werden und Vergehen,
wenn des Geistes Kraft zu Nichts zerbricht,
wollest du an meinem Lager stehen.

Wenn ich deine Hand nicht fassen kann,
nimm die meine doch in deine Hände!
Nimm dich meiner Seele gnädig an!
Führe mich zu einem guten Ende!

Justus Delbrück

Wunderbar verwebt, der uns erschuf,
in den bunten Teppich unsres Lebens
lichten Traum und dunkle Wirklichkeit.
Und wir wissen erst beim letzten Ruf:
Keinen dieser Fäden wob vergebens
seine Hand in diese bunten Streifen,
die gemach enträtselnd wir begreifen
erst im Lichte seiner Ewigkeit

Agnes Miegel

Du brauchst dich nicht zu ängstigen
vor dem Grauen der Nacht und des Todes.
Hast du doch Gott zu deinem Schutz!

...

Denn er hat seinen Engeln
befohlen über dir,
daß sie dich behüten
auf allen deinen Wegen,
daß sie dich auf den Händen tragen
und du deinen Fuß nicht
an einem Stein stößt

...

So spricht Gott über dich:
Er hat sich auf mich verlassen,
so will ich ihm auch helfen.
Er hat sich an mich gewandt
nun will ich ihn schützen.
Er ruft zu mir, so will ich ihn hören.
Ich bin bei ihm in der Not.
Ich reiße ihn heraus
und hülle ihn in Licht

Aus Psalm 91

Ich glaube, daß die Krankheiten Schlüssel sind, die uns
gewisse Tore öffnen können. Ich glaube, daß es gewisse
Tore gibt, die nur die Krankheit öffnen kann. Es gibt einen
Gesundheitszustand, der es uns nicht erlaubt, alles zu
verstehen; und vielleicht verschließt uns die Krankheit
einige Wahrheiten; ebenso aber verschließt uns die
Gesundheit andere oder führt uns doch davon weg,
so daß wir uns nicht um sie kümmern.

André Gide, 25. Juli 1930

Nachtgebet
(dem Freund Kurt Hirschfeld)

Junge Leute werden manchmal wach
Und wissen, daß sie sterben müssen.
Dann erschauern sie kurz,
Und sehen verschiedene Bilder,
Und denken: Jeder muß sterben, und
Es ist noch Zeit.

Alte Leute werden manchmal wach
Und wissen, daß sie sterben müssen.
Dann wird ihr Herz bang,
Denn sie haben gelernt,
Daß Niemand weiß, wie Sterben ist,
Daß keiner wiederkam, davon zu künden,
Daß sie allein sind, wenn das Letzte kommt,
Und wenn sie weise sind,
Dann beten sie. Und schlummern weiter.

Carl Zuckmayer

Gegen Todesangst zu sagen:

Schließlich
haben die vor mir
es auch gekonnt
das Sterben.

Gegen Lebensangst zu sagen:

Schließlich
haben die vor mir
es auch zu Ende gebracht
das Leben.

Ute Zydek

Ich habe Angst vor dem Tod

Beim Einschlafen denke ich manchmal:
Was wird mit mir sein, wenn ich nicht mehr aufwache?
Ich denke mir oft,
daß ich vor der Geburt
von meiner Mutter umgeben war,
in ihrem Leib, ohne sie zu kennen.
Dann brachte sie mich zur Welt,
und ich kenne sie nun und lebe mit ihr.
So, glaube ich,
sind wir als Lebende von Gott umgeben,
ohne ihn zu erkennen. Wenn wir sterben,
werden wir ihn erfahren
so wie ein Kind seine Mutter,
und mit ihm sein.

Warum soll ich den Tod fürchten?

Carl Zuckmayer

*Ein Gespräch von Zwillingen, die sich vor ihrer Geburt
im Schoß der Mutter unterhalten...*

Die Schwester sagte zu ihrem Bruder: „Ich glaube an ein
Leben nach der Geburt!" Ihr Bruder erhob lebhaft Einspruch: „Nein, nein. Das hier ist alles. Hier ist es schön und
warm, und wir brauchen uns lediglich an die Nabelschnur
zu halten, die uns ernährt." Aber das Mädchen gab nicht
nach: „Es muß doch mehr als diesen dunklen Ort geben; es
muß anderswo etwas geben, wo Licht ist und wo man sich
frei bewegen kann." Aber sie konnte ihren Zwillingsbruder
nicht überzeugen. Dann, nach längerem Schweigen, sagte sie
zögernd: „Ich muß noch etwas sagen, aber ich fürchte, du
wirst auch das nicht glauben: Ich glaube nämlich, daß wir
eine Mutter haben!" Jetzt wurde ihr kleiner Bruder wütend:
„Eine Mutter, eine Mutter!" schrie er. „Was für Zeug redest
du denn daher? Ich habe noch nie eine Mutter gesehen und
du auch nicht. Wer hat dir diese Idee in den Kopf gesetzt?
Ich habe es dir doch schon gesagt: Dieser Ort ist alles, was
es gibt! Hier ist es doch alles in allem gar nicht so übel. Wir
haben alles, was wir brauchen." Die kleine Schwester war
von dieser Antwort ihres Bruders ziemlich erschlagen und
wagte eine Zeitlang nichts mehr zu sagen. Aber weil sonst
niemand da war, mit dem sie hätte darüber sprechen können, sagte sie schließlich doch wieder: „Spürst du nicht ab
und zu diesen Druck? Das ist doch immer wieder ganz unangenehm. Manchmal tut es richtig weh." – „Ja", gab er zur
Antwort, „aber was soll das schon heißen?" Seine Schwester
darauf: „Weißt du, ich glaube, daß dieses Wehtun dazu da
ist, um uns auf einen anderen Ort vorzubereiten, wo es viel
schöner ist als hier und wo wir unsere Mutter von Angesicht
zu Angesicht sehen werden. Wird das nicht ganz aufregend
sein?" Ihr kleiner Bruder gab ihr keine Antwort mehr. Er hatte
endgültig genug vom dummen Geschwätz seiner Schwester...

Henri Nouwen

Heimweh nach unserem Ursprung

Das ist unser Los,
Geborgenheit suchen zu müssen
und dennoch
heimatlos zu bleiben
auf dieser Welt.

Immer werden,
die er gezeichnet hat
mit seinem Siegel,
Fremde bleiben
im Haus
das endlich ist.

Gesegnete Sehnsucht.
Wie die Muschel
die Perle umschließt,
so verhüllt sich
im Schmerz
die Hoffnung.

Heimweh ist nichts
als der Schatten
des ewigen Hauses.

Sabine Naegeli

Das Sterben

Vielleicht ist es
kein Weggehen
sondern Zurückgehen?

Sind wir nicht unterwegs
mit ungenauem Ziel
und unbekannter Ankunftszeit
mit Heimweh im Gepäck?

Wohin denn
sollten wir gehen
wenn nicht
nach Hause zurück?

Anne Steinwart

Von guten Mächten treu und still umgeben,
behütet und getröstet wunderbar,
so will ich diese Tage mit euch leben
und mit euch gehen in ein neues Jahr.

Noch will das alte unsre Herzen quälen,
noch drückt uns böser Tage schwere Last,
ach, Herr, gib unsren aufgescheuchten Seelen
das Heil, für das Du uns bereitet hast.

Und reichst Du uns den schweren Kelch, den bittern
des Leids, gefüllt bis an den höchsten Rand,
so nehmen wir ihn dankbar ohne Zittern
aus Deiner guten und geliebten Hand.

Doch willst Du uns noch einmal Freude schenken
an dieser Welt und ihrer Sonne Glanz,
dann wolln wir des Vergangenen gedenken,
und dann gehört Dir unser Leben ganz.

Laß warm und still die Kerzen heute flammen,
die Du in unsre Dunkelheit gebracht,
führ, wenn es sein kann, wieder uns zusammen.
Wir wissen es, Dein Licht scheint in der Nacht.

Wenn sich die Stille tief nun um uns breitet,
so laß uns hören jenen vollen Klang
der Welt, die unsichtbar sich um uns weitet,
all Deiner Kinder hohen Lobgesang.

Von guten Mächten wunderbar geborgen,
erwarten wir getrost, was kommen mag.
Gott ist mit uns am Abend und am Morgen
und ganz gewiß an jedem neuen Tag.

Dietrich Bonhoeffer

Herr bleibe bei uns
denn es will Abend werden,
und der Tag hat sich geneigt.
Bleibe bei uns
und bei deiner ganzen Kirche.
Bleibe bei uns
am Abend des Tages,
am Abend unseres Lebens,
am Abend der Welt.
Bleibe bei uns
mit deiner Gnade und Güte,
mit deinem Wort und Sakrament,
mit deinem Trost und Segen.
Bleibe bei uns,
wenn über uns kommt
die Nacht der Trübsal und Angst,
die Nacht der Verzweiflung und der Anfechtung,
die Nacht der Armut und Flucht,
die Nacht der Einsamkeit und Verlassenheit,
die Nacht der Krankheit und Schmerzen,
die Nacht des bitteren Todes.
Bleibe bei uns
und bei all deinen Gläubigen
in Zeit und Ewigkeit
Amen.

Kardinal Newman

Ihr seid als Blüten früh entschwebt
(Friedrich Rückert)

KIND UND TOD

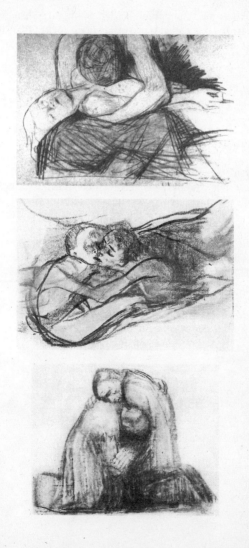

Käthe Kollwitz, Frau mit totem Kind / Mutter und toter Sohn / Die Eltern

Das große Thema von *Käthe Kollwitz* ist die unverschuldete Not oder besser: das schicksalhafte Ausgeliefertsein an den Tod, das elementare Auseinandergerissenwerden sowie Trennung oder Abschied ohne Hoffnung ...

1914 verliert sie einen ihrer beiden Söhne, 18jährig, im Krieg, ein Ereignis, das das Leben der damals noch nicht 50jährigen Mutter zutiefst erschüttert und ihr Werk stark beeinflußt hat.

Zu den eindruckvollsten Bildern, die die Verwaisten Eltern seit Jahren begleiten, gehören neben der Lithographie „Tod mit Mädchen im Schoß" von 1934/35 (Deckblatt des Jahresheftes 1995) und dem Entwurf zu einem Grabstein von 1930 vor allem die Pietà: *„Frau mit totem Kind"* (1903) und das Bild *„Mutter und toter Sohn"* (Schwarze Kreide um 1923).

Ihr seid als Blüten früh entschwebt ...

Fast allein die Frauen tragen bei Käthe Kollwitz das Leid der Menschheit. Die Männer scheinen es eher nur zu vermehren; das Gesicht des Mannes fehlt. Ausnahme allerdings ist, wenn die Künstlerin den Schmerz der *„Eltern"* darstellt, wobei diese Lithographie von 1920 eine der überwältigendsten, schönsten ist. Sie hat für die Verwaisten Eltern zentrale Bedeutung gewonnen als Titelbild auf den Faltblättern – Basisinformation für betroffene Eltern nach dem Tod eines Kindes. Dort auch der Schlußvers des „Memento" von Mascha Kaléko (vgl. S. 32):

Bedenkt: den eigenen Tod, den stirbt man nur,
Doch mit dem Tod der anderen muß man leben.

Ihr habet nicht umsonst gelebt;
Was kann man mehr von Menschen sagen?
Ihr habt am Baum nicht Frucht getragen,
Und seid als Blüten früh entschwebt,
Doch lieblich klagen
Die Lüfte, die zu Grab euch tragen:
Ihr habet nicht umsonst gelebt.

In unser Leben tief verwebt,
Hat Wurzeln euer Tod geschlagen
Von süßem Leid und Wohlbehagen
Ins Herz, aus dem ihr euch erhebt
In Frühlingstagen
Als Blütenwald von Liebesklagen;
Ihr habet nicht umsonst gelebt.

O die ihr sanften Schmerz uns gebt
Statt eure an der Brust zu tragen,
Euch werden fremde Herzen schlagen
Von Menschenmitgefühl durchbebt
Bei unsern Klagen;
Was kann man mehr von Menschen sagen?
Ihr habet nicht umsonst gelebt!

Friedrich Rückert

Kindertotenlied

Du warst
ein Lied
in mir
das nie gesungen
wurde
nur gehört
von mir
es klang
wie früher
Sommerwind
auf grünem Haferfeld
so Anfang Juni
wie Saitenspiel
so sanft
der Ton
das Bild
so rasch
verweht

*Hermine Ehrenberg**

Zu klein

Du warst doch noch so klein.
Zu klein.
Zu klein zum Sterben.
Gibt es im Himmel andere Gesetze?
Oder keine?
An welche Regeln hält sich Gott,
die einzusehn?
Warum?
Ich werd es nie erfahren
und auch nie verstehn.

Hilflos und ohne Worte.
Voller Angst und Wut.
Welch ein Geschick!
Und schlimmer noch:
die Einsamkeit und Leere.
Und diese Sehnsucht, dieser Schmerz –
denn du,
mein kleines Baby,
kommst nicht mehr zurück.

*Monja Kallus**

Bei den unendlich mannigfaltigen Verkreuzungen der irdischen Schicksale lassen wir uns allenfalls dasjenige gefallen, was einem gewissen Naturgang analog zu sein scheint. Wenn die Älteren abgerufen werden, so mag es gelten, denn das ist im Flusse der Jahre doch immer das regelmäßige Hingehen. Kehrt es sich aber um und der Jüngere geht vor dem Älteren hin, so empört es uns ...

Johann Wolfgang von Goethe an Moritz Paul von Brühl, 1828

Lieber Herr Thomas Mann

Wie in jedem Ihnen befreundeten Kreise und Hause ist auch in unserem Hause die traurige Nachricht mit Erschütterung und tiefem Mitgefühl aufgenommen worden. Wir Alten sind daran gewöhnt, um uns her die Freunde und Weggenossen verschwinden zu sehen, aber einen seiner Nächsten aus der Generation zu verlieren, die uns *nach* unsrem Weggang ersetzen, die uns ein wenig den Rücken gegen das ewige eisige Schweigen decken soll, das hat etwas Erschreckendes und ist schwer hinzunehmen.

Hermann Hesse an Thomas Mann, 1949

Auf den Tod eines kleinen Kindes

Jetzt bist du schon gegangen, Kind,
Und hast vom Leben nichts erfahren,
Indes in unsern welken Jahren
Wir Alten noch gefangen sind.

Ein Atemzug, ein Augenspiel,
Der Erde Luft und Licht zu schmecken,
War dir genug und schon zu viel;
Du schliefest ein, nicht mehr zu wecken.

Vielleicht in diesem Hauch und Blick
Sind alle Spiele, alle Mienen
Des ganzen Lebens dir erschienen,
Erschrocken zogst du dich zurück.

Vielleicht, wenn unsre Augen, Kind,
Einmal erlöschen, wird uns scheinen,
Sie hätten von der Erde, Kind,
Nicht mehr gesehen als die deinen.

Hermann Hesse

Auf meines Kindes Tod

Von fern die Uhren schlagen
es ist schon tiefe Nacht,
die Lampe brennt so düster,
dein Bettlein ist gemacht
Die Winde nur noch gehen
wehklagend um das Haus,
wir sitzen einsam drinnen
und lauschen oft hinaus.
Es ist als müßtest leise
du klopfen an die Tür,
du hätt'st dich nur verirrt
und kämst nun müd zurück.
Wir armen, armen Toren!
Wir irren ja im Graus
des Dunkels noch verloren –
du fandest längst nach Haus.

Joseph von Eichendorff

Drei Tage, drei Nächte hielt ich dich im Arm
von deiner Geburt bis zum Tod.
Ich trug dich dein ganzes Leben lang
dann gingst du für immer fort.

Drei Tage, drei Jahre, Unendlichkeit —
es gab keinen Raum, es gab keine Zeit
zu innig sind wir beide vereint
jetzt und in Ewigkeit.

Beim Sterben lagst du in meinem Arm
so friedlich, kein Schmerz und kein Leid.
Ich durfte ein Stück weit mit dir gehn
du nahmst mir die Angst und — ich war bereit.

Doch ich blieb zurück in Trauer und Schmerzen
mit leeren Händen, gebrochenem Herzen.
Und doch erlosch das Licht nie ganz
mal flackert es mühsam, mal strahlt es im Glanz.

Ich bin so dankbar für dein Leben mit mir.
Nur ein Stück weit gingst du voran.
Es kommt der Tag, an dem ich dir
in Ruhe folgen kann.

*Sylvia Frey-Herkle**

Für alle, die mich nicht verstehen

Sie sagen:
Das wird schon wieder ...
und
Du bist ja noch jung!
Sie sagen:
Du schaffst das schon ...
und auch
das Leben geht
doch weiter!
Du kannst doch
neue Kinder haben
sagen sie ...
doch ich
ich sage euch
– warum versteht ihr nicht –
Ich will kein neues.
Will nur dieses eine.
Diese eine Kind
will ich zurück!

*Monja Kallus**

Denke wieder
an die kleine Hand
die deine Hand einst hielt
damals –

Die kleine Hand
will jetzt dein Herz
vor Bitterkeit bewahren

Die kleine Hand
die deine Hand einst hielt
kann jetzt dein Leben heilen

*Sascha Wagner**

Gebet wider die Trauer
wider den Neid

Meinen Sohn	–	Der Nachbarssohn
gibt es	–	geht am
nicht mehr	–	Fenster vorbei

Mein Sohn	–	Der Nachbarssohn
ist jung	–	pfeift sein
verstummt	–	fröhliches Lied

Mein Sohn	–	der Nachbarssohn
zerfällt	–	fährt seiner
zu Staub	–	Zukunft entgegen

    Gib mir Gott
    die Kraft
    anzunehmen
    Tod und Tat
    Leid und Lied
    Staub und Stimme

    als Bestandteile
    unseres Lebens

Maria Grünwald

Fasse meine Tränen in deinen Krug

Du hast gesagt,
du wollest denen nahe sein,
die zerbrochenen Herzen sind,
und dir hat man vorhergesagt,
du werdest den glimmenden Docht nicht verlöschen
und das geknickte Schilfrohr nicht vollends zertreten.

Im Vertrauen auf diese Worte
kommen wir zu dir,
traurige, bedrückte,
verstörte und zweifelnde Mütter und Väter.
Unsere Kinder mußten sterben zur Unzeit,
und niemand kann uns sagen,
warum und wozu das gut sein sollte.
Wir wissen sie geborgen bei dir.
Aber sie fehlen uns so sehr.
Wir sehnen uns nach ihnen und wissen doch,
daß wir sie in dieser Zeit nie mehr sehen werden.

Darum gehen wir nun auf dein Wort hin
als deine Gäste –
zum Festmahl unter Tränen,
zum Mahl der Hoffnung für Hoffnungslose,
die doch hoffen –
und sind verbunden mit all denen,
die auf dieser Erde trauern
über den Tod ihrer Kinder...

Du lädst uns ein an den Tisch des Lebens,
Komm zu uns!

Amen.

Wolfgang Hinker[*]

An Maria

Maria
ich liebe
Dein Lächeln,
seit ich
meinen Sohn
verlor.

Den ich
in den Armen
hielt wie Du
den Deinen,
ihn schützend
vor den Gefahren
der Welt.

Was fühltest Du,
als Dein Sohn
diesen Armen
entwuchs?
Als er Dich auf
Deinen Platz
verwies,
um den seinen
einzunehmen?

Was fühltest Du,
als der Tod sich
ihm näherte?
Dein Sohn starb
für die Welt,
meiner starb
an ihr.

Hast auch Du
an Gott
gezweifelt,
als Du
den Leblosen
hieltest?
Konntest Du
den Sinn
seines Sterbens
schmerzlos
begreifen?
War Dir
seine Auferstehung
so sicher?

Sage mir:
Wann fandest Du
Deinen Frieden
wieder,
den ich spüre,
wenn ich Dir
begegne?
Der bald
zweitausend Jahre
auf Dir ruht.

Bitte hilf,
daß ich ihn
finde!

Renate Salzbrenner*

Dehnen

Die Bäume
schlagen schon aus

Mit Mutterarmen
umhüllt dich die Luft

Deine Trauer
will schlafen

Du darfst Gespräche führen
mit Nachbarn
Blumen und dem Silberregen

Du kannst
die Grenze zwischen
der Welt und dir
überschreiten
und dich dehnen
dehnen ins Grenzenlose

Rose Ausländer

*Ich fasse dich mit meinem Herzen
wie mit einer Hand*

(Rainer Maria Rilke)

LIEBE UND ERINNERUNG

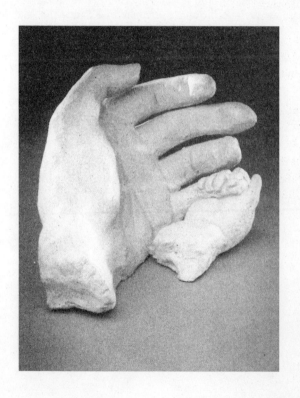

Julie Fritsch, Hände

In der Begleitung von Trauernden begleiten *uns* inzwischen die ausdrucksstarken und anrührenden Skulpturen von Julie Fritsch (vgl. auch Abb. S. 63 f.). Meditiert und liebgewonnen, sind sie Ermutigung, den eigenen Schmerz auszudrücken und ihm Gestalt zu verleihen.

Wertvoll sind sie uns auch vor dem Hintergrund, daß die künstlerisch-kreativen Therapieformen ja im Rahmen der Trauerseminare für verwaiste Eltern und für Geschwister der verstorbenen Kinder längst eine große Rolle spielen: Musik und Bewegung, Malen und Zeichnen, das Gestalten von Kollagen, Masken und Marionetten, das Gestalten mit Ton. Besonders die dreidimensionale Skulptur verleiht ja *dem* Ausdruck, was an Schmerz „nicht zu fassen", in Worten oft nur schwer zu vermitteln ist.

Die Trauergeschichte des einzelnen wird transparent, spricht uns unmittelbar an (vgl. auch die Skulptur der zerbrochenen Welt von der verwaisten Mutter Heidi Matzel, S. 27 f.).

Liebesgedicht

Lösch mir die Augen aus;
ich kann dich sehen,
wirf mir die Ohren zu;
ich kann dich hören,
und ohne Füße kann ich zu dir gehn,
und ohne Mund noch kann ich dich beschwören.
Brich mir die Arme ab,
ich fasse dich mit meinem Herzen wie mit einer Hand,
halt mir das Herz zu, und mein Hirn wird schlagen,
und wirfst du in mein Hirn den Brand,
so werd ich dich in meinem Blute tragen.

Rainer Maria Rilke

Man weiß, daß die akute Trauer nach einem solchen
Verlust ablaufen wird, aber man wird ungetröstet bleiben,
nie einen Ersatz finden. Alles, was an die Stelle rückt
– und wenn es sie auch ganz ausfüllen sollte –, bleibt doch
etwas anderes. Und eigentlich ist's recht so.
Das ist die einzige Art, die Liebe fortzusetzen.

Sigmund Freud an Binswanger

Da ist ein Land der Lebenden
und da ist ein Land der Toten.
Die Brücke zwischen ihnen ist die Liebe,
das Einzig-Bleibende, der einzige Sinn.

Thornton Wilder

Zu deinem Gedenken

Ich habe dir
nicht oft genug gezeigt,
daß ich dich liebe.
Nun schreie, sage,
flüstere und bete
ich es, als könne
meine Liebe auf
Lichtflügeln
dich erreichen.

Ich lasse sie dir
hinterherfliegen
und ahne, daß sie
ohne wärmende Hände
einem gestutzen Vogel
gleicht.

In leisen Minuten
höre ich deine Antwort:
Verteile sie an die
Lebenden
zu meinem Gedenken!

*Renate Salzbrenner**

Es gibt nichts, was uns die Abwesenheit eines lieben Menschen ersetzen kann, und man soll das auch gar nicht versuchen; man muß es einfach aushalten und durchhalten; das klingt zunächst sehr hart, aber es ist doch zugleich ein großer Trost; denn indem die Lücke wirklich unausgefüllt bleibt, bleibt man durch sie miteinander verbunden. Es ist verkehrt, wenn man sagt, Gott füllt die Lücke aus; er füllt sie gar nicht aus, sondern er hält sie vielmehr gerade unausgefüllt und hilft uns dadurch, unsere echte Gemeinschaft miteinander – wenn auch unter Schmerzen – zu bewahren. Ferner: Je schöner und voller die Erinnerung, desto schwerer die Trennung. Aber die Dankbarkeit verwandelt die Qual der Erinnerung in eine stille Freude. Man trägt das vergangene Schöne nicht wie einen Stachel, sondern wie ein kostbares Geschenk in sich. Man muß sich hüten, in den Erinnerungen zu wühlen, sich ihnen auszuliefern, wie man auch ein kostbares Geschenk nicht immerfort betrachtet, sondern nur zu besonderen Stunden und es sonst nur wie einen verborgenen Schatz, dessen man sich gewiß ist, besitzt; dann geht eine dauernde Freude und Kraft von dem Vergangenen aus.

Dietrich Bonhoeffer

Nur geborgt

Was wir besitzen,
ist nur geborgt:
worin wir wohnen,
was wir haben,
wer wir sind.

Die wir lieben,
sind nur geborgt.
Wann sie gehen,
entscheiden wir nicht.

Wir entscheiden,
ob wir die Erinnerung
als Geschenk annehmen wollen.

Renate Salzbrenner*

Daß du so warst
wie niemand andrer war
ist wohl der Grund
für diese Mauern
rund um mein
Alleinsein.
Immer noch
schließen sie
alles aus
was dir
nicht gleicht

Gitta Deutsch

das licht der tage

fast vergessen
wird
das licht der tage
das uns bis hier
den weg besonnt

kaum faßbar
bleibt
des weges zeichen
das uns noch leitet —
bis hierher

ergriffene erinnerung
wird
neuer tag
entworfenes zeichen
junger pfad

das licht der tage
es wird
es bleibt

*Jörgen Habedank**

Wenn ich gestorben bin
singt keine traurigen Lieder.
Pflanzt keinen Baum über mein Grab.
Ich will ruhen unter dem Rasen,
den der Regen näßt
und der Tau berührt.
Laßt mich ruhen!
Doch – wenn Ihr wollt: *erinnert euch!*

Irischer Segenswunsch

Beim Aufgang der Sonne
und bei ihrem Untergang
erinnern wir uns an sie

Beim Weben des Windes
und in der Kälte des Winters
erinnern wir uns an sie

Beim Öffnen der Knospen
und in der Wärme des Sommers
erinnern wir uns an sie

Beim Rauschen der Blätter
und in der Schönheit des Herbstes
erinnern wir uns an sie

Zu Beginn des Jahres
und wenn es zu Ende geht,
erinnern wir uns an sie

Wenn wir müde sind
und Kraft brauchen,
erinnern wir uns an sie

Wenn wir verloren sind
und krank in unserem Herzen,
erinnern wir uns an sie

Wenn wir Freuden erleben,
die wir so gern teilen würden,
erinnern wir uns an sie

So lange wir leben
werden sie auch leben,
denn sie sind nun ein Teil von uns,
wenn wir uns an sie erinnern.

Aus „Tore des Gebets", reformiertes jüdisches Gebetbuch

Erinnerung ist das
Paradies, aus dem wir
nicht vertrieben
werden können.

Jean Paul

Gute Erinnerungen sind die Blumen,
die wieder blühen werden,
wenn der harte Winter unserer Trauer
beginnt, sich der Hoffnung zu öffnen.

Dein Herz kennt manch ein Lied und singt für dich –
Dein Herz kennt viele Bilder, auch wenn die Trauer
deinen schmerzblinden Augen jedes Licht versagt.

Dein Herz kennt manch ein Lied, das keiner hört.
Dein Herz ist weiser als die Wirklichkeit.

*Sascha Wagner**

Welche Melodie bist du?

Ich erinnerte mich ihrer, wie man sich einer Melodie
erinnert. Eigentlich ist jeder Mensch eine Melodie.
Es gibt Menschen, die die erstaunliche Gabe besitzen, mit
dem Klingen ihres eigenen Lebens andere zu heilen und
sanft zu beruhigen, und es gibt Menschen, die die nicht
weniger erstaunliche Gabe besitzen, allein schon durch die
taktlose Tatsache ihrer Existenz andere zu reizen...

Es gibt Menschen, die Requiems sind, andere sind eine
Hymne an sich selbst, wieder andere sind Foxtrotts oder
Scherzliedchen. Manche auch gleichen einem seltsamen
Potpourri aus leichter und ernster Musik. Ich wußte,
welche Melodie du bist ...

Jewgeni Jewtuschenko

*Die Liebe zu dir ist das Bildnis,
das man sich von Gott machen darf*

(Else Lasker-Schüler)

ZUVERSICHT UND HOFFNUNG

Joseph Röhrich, Rose für Josefin

„Eine Rose für Josefin – Trauer in Bronze gegossen" so lautete der Titel des aufwühlenden, dramatischen Berichtes über eine Geburt, die mit dem Tod endete. („Trauer- und Lebensgeschichten", in: VERWAISTE ELTERN Leben mit dem Tod eines Kindes, Jahresheft 8/1996, S. 97–104), der Bericht der Mutter Marion und Arbeiten des Vaters, Künstlers und Steinmetzen, Josef Röhrich.

Die Kunstgießerei Strassacker war 1995 auf der Stone+tec in Nürnberg mit einem großzügigen und ästhetisch anspruchsvollen Messestand vertreten. Einladend, in Form einer Kathedrale gestaltet, präsentierte sie hochwertige Bronzen, darunter auch die „Rose für Josefin" (Nr. 84002, 99×15×12, L99) mit aufklappbarem Gedenkkästchen für Name und Bild.

- Die Bronze in limitierter Auflage erinnert an die Verstorbenen.

Die Rose – schon in der Antike Symbol der Verehrung der Toten – erinnert uns seit Menschengedenken an die (Überlebens)-Kraft der Liebe.
Sie steht für Zeit und Ewigkeit, Leben und Tod, Leidenschaft und Begehren sowie für Hoffnung auf Erfüllung und Vollendung. „Wer könnte atmen ohne Hoffnung, daß auch in Zukunft Rosen sich öffnen…" (Rose Ausländer, vgl. S. 128)

Für die Verwaisten Eltern hat es mit der sog. *„Rose von Jericho"* eine besondere Bewandtnis. Eingebunden in das Eingangsritual von vielen Trauerseminaren ist die vertrocknete, leblos-harte und in sich gekrümmte Wüstenpflanze (die Jahrzehnte überdauern kann ohne Wasser und Erde, trotz Hitze, Kälte oder Trockenheit) unzähligen Teilnehmern zum Zeichen möglicher Wandlung und neuem wiedererwachenden Leben geworden: Nur wenig Wasser genügt – was jeweils ist „Wasser des Lebens" für Menschen, vor denen sich die endlos erscheinenden Wüstenwege der Trauer auftun? – um dieses totgeglaubte Etwas in Stunden, in wenigen Tagen erblühen zu lassen: grün und weich und weit, ein kleines Wunder, das sich inmitten der Teilnehmer an einem Wochenende vollzieht. So wie schon zu Zeiten der Kreuzritter, denen sie lieb und wert und „heilig" war als Symbol für Auferstehung und Wiedergeburt, erleben Menschen in tiefer Trauer (ohne Lebenskraft und die Fähigkeit, sich zu öffnen) etwas von diesem Wunder durch Nähe, Verstandenwerden, Mitgefühl, Gemeinschaft. Hoffnungszeichen. Auferstehen. Wieder aufstehen. Hier und jetzt: Wunder der Verwandlung. Trost.

An mein Kind

Immer wieder wirst du mir
Im scheidenden Jahre sterben, mein Kind,

Wenn das Laub zerfließt
Und die Zweige schmal werden.

Mit den roten Rosen
Hast du den Tod bitter gekostet,

Nicht ein einziges welkendes Pochen
Blieb dir erspart.

Darum weine ich sehr, ewiglich ...
In der Nacht meines Herzens.

Noch seufzen aus mir die Schlummerlieder,
Die dich in den Todesschlaf schluchzten,

Und meine Augen wenden sich nicht mehr
Der Welt zu;

Das Grün des Laubes tut ihnen weh.
— Aber der Ewige wohnt in mir.

Die Liebe zu dir ist das Bildnis,
Das man sich von Gott machen darf.

Ich sah auch die Engel im Weinen.
Im Wind und im Schneeregen.

Else Lasker-Schüler

Hoffnung

Wer hofft
ist jung

Wer könnte atmen
ohne Hoffnung
daß auch in Zukunft
Rosen sich öffnen

ein Liebeswort
die Angst überlebt

Rose Ausländer

Trauerseminar in Bad Segeberg 1995. In der Kapelle:

Andacht	*Fensterbehang*

Lichtermeer
Meditation
Trauer
Verzweiflung
Tränen
Segenssprüche
Beieinandersein
Hoffnung

Erdige Bräune
in nachtblauer Leichtigkeit
Blicke fesselnd
Sinne anregend
Sehnsüchte weckend
Dichter schwerer Grund
mit weißglänzenden
Quarzkristallen
Pfauenaugen aus
ockerfarbenem Achat
in geschichtetem Wasser
schwebender Mund
schwebendes Herz
Liebe
Planet Erde
Sonnenblumen auf blauem
Grund
Gottesauge in der Erdenmitte
Menschheitswappen
im Sternenhimmel
Himmelsschwere
Erdenleichte
unendliche Ewigkeit
Dahinter die Wirklichkeit
leuchtende wärmende
Sonne

*Ilse Karsch**

Trauer kann man nicht überwinden
wie einen Feind.
Trauer kann man nur verwandeln:
den Schmerz in Hoffnung
die Hoffnung in tieferes Leben

*Sascha Wagner**

Denn ich weiß wohl,
was ich für Gedanken über
euch habe, spricht der Herr:
Gedanken des Friedens
und nicht des Leides ...,
daß ich euch gebe Zukunft
und Hoffnung.

Jes. 29,11

Wir wollen euch über die Verstorbenen nicht in Unkenntnis lassen, damit ihr nicht trauert wie die anderen, die keine Hoffnung haben. Wenn Jesus – und das ist unser Glaube – gestorben und auferstanden ist, dann wird Gott durch Jesus auch die Verstorbenen zusammen mit ihm zur Herrlichkeit führen ... So tröstet euch nun mit diesen Worten untereinander.

1. Thess. 4,13–14.18

Unendlichkeit

Deine Geburt
habe ich eigentlich
nicht begriffen.
Wo kamst du her?
Rasch besetzte ich
dein Kindergesicht
mit meiner Liebe.
Der Unendlichkeit
deines Daseins
war ich mir sicher.

Deinen Tod
habe ich eigentlich
nicht begriffen.
Wo gingst du hin?
Meine Liebe ist
auf der Suche
nach dir.

Der Unendlichkeit
deines Daseins
bin ich mir sicher.

Renate Salzbrenner*

Zeichen

In deine endliche Zeit
stell ich die Frage

ist Tod
gleich
ungleich
größer
kleiner
als Leben

dein gefrorener Atem
formt das Zeichen

Unendlich

Hermine Ehrenberg*

Am Ende meines Weges

Am Ende meines Weges ist ein tiefes Tal.
Ich werde nicht weiterwissen.
Ich werde mich niedersetzen und verzweifelt sein.

Ein Vogel wird kommen und über das Tal fliegen,
und ich werde wünschen, ein Vogel zu sein.
Eine Blume wird leuchten jenseits des Abgrundes,
und ich werde wünschen, eine Blume zu sein.
Eine Wolke wird über den Himmel ziehen,
und ich werde eine Wolke sein wollen.

Ich werde mich selbst vergessen.
Dann wird mein Herz leicht werden
wie eine Feder,
zart wie eine Margerite,
durchsichtig wie der Himmel.

Und wenn ich dann aufblicke,
wird das Tal nur ein kleiner Sprung sein
zwischen Zeit und Ewigkeit.

Indianische Weisheit

Als ob es die Toten gäbe!
Herr, es gibt keine Toten,
Es gibt nur Lebende, auf unserer Erde und im Jenseits.
Herr, den Tod gibt es,
aber es ist nur ein Moment,
Ein Augenblick, eine Sekunde, ein Schritt,
Der Schritt vom Vorläufigen ins Endgültige,
Der Schritt vom Zeitlichen ins Ewige.

Michel Quoist

wenn ich gestorben bin
hat sie gewünscht
feiert nicht mich
auch nicht den tod
feiert den
der gott von lebendigen ist

wenn ich gestorben bin
hat sie gewünscht
zieht euch nicht dunkel an
das wäre nicht christlich
kleidet euch hell
singt heitere lobgesänge

wenn ich gestorben bin
hat sie gewünscht
preiset das leben
das hart ist und schön
preiset DEN
der ein gott von lebendigen ist

Kurt Marti

Freund, leb wohl

Freund, leb wohl. Mein Freund. Auf Wiedersehen.
Unverlorener, ich vergesse nichts
Vorbestimmt, so war's, du weißt, dies Gehen.
Da's so war: ein Wiedersehn versprichts.

Hand und Wort? Nein, laß – wozu noch reden?
Gräm dich nicht und werd mir nicht so fahl.
Sterben –, nun, ich weiß, das hat es schon gegeben;
doch: auch Leben gab's ja schon einmal.

Sergej Jessenin

Gott, zu dir rufe ich

In mir ist es finster,
aber bei dir ist das Licht.
Ich bin einsam,
aber du verläßt mich nicht.
Ich bin kleinmütig,
aber bei dir ist die Hilfe.
Ich bin unruhig,
aber bei dir ist der Friede.
In mir ist Bitterkeit,
aber bei dir ist die Geduld.
Ich verstehe deine Wege nicht,
aber du weißt den Weg für mich.

Dietrich Bonhoeffer

Meine liebe kleine Schwester, ich danke dir für deine lieben Worte. Weißt du, daß es dir gar nicht leid zu tun braucht, daß du nicht selbst die Kraft hattest, dir zu helfen? Denn *kein* Mensch kann sich selber helfen. Die Welt ist zwar voller Leute, die sich das einreden, aber es gelingt ihnen allen so wenig, wie Münchhausen es gelang, sich an seinem eigenen Schopfe aus dem Sumpfe zu ziehen. Jeder kann immer nur den andern, der ihm gerade *zunächst* im Sumpfe steckt, beim Schopfe fassen und vor dem Versinken bewahren. Dies ist der „Nächste", von dem die Bibel redet. Diese ganze mechanisch-unmögliche gegenseitige Halterei ist freilich erst dadurch möglich, daß die große Hand von oben alle diese haltenden Menschenhände selber bei den Handgelenken hält. Von ihr her und nicht von irgendeinem gar nicht vorhandenen „Boden unter den Füßen" kommt allen diesen Menschen die Kraft, zu halten und zu helfen.
Es gibt kein Stehen, nur ein Getragenwerden.

Franz Rosenzweig an seine Schwester

*Ganz vergessen habe ich so viele Wunder,
die mir einst das Herz erlösten*
(Ina Seidel)

NATUR UND FRIEDEN

Schmetterling

Der Schmetterling ist Symbol der Verwandlung, Sinnbild der Auferstehung. Das Leben endet nicht, es wird verändert. Der Schmetterling erinnert uns daran, „daß wir auf dieser Erde nicht ganz zu Hause sind" (H. Böll).

Du, leicht und schön aus Gottes Traum geboren/ Du Bote einer tiefersehnten Welt/ Du Sieger, der die Liebe unverloren/ und sanft im Segel seiner Flügel hält schreibt Josef Weinheber.

Welch schönes Jenseits/ ist in deinen Staub gemalt/ Welch Königszeichen/ im Geheimnis der Luft – so besingt ihn Nelly Sachs. *Die Gewichte von Leben und Tod/ senken sich mit deinen Flügeln/ auf die Rose nieder/ die mit dem heimwärts reifenden Licht welkt.*

Rudolf Steiner spricht von ihm als „kosmischer Erinnerung". Unsere Gedanken seien nur „Bilder von Schmetterlingen", Sehnsucht nach einem neuen Sein, nach Verwandlung, Metamorphose, Verklärung.

Hermann Hesse schließlich beschwört die Kinderzeiten: *Da noch die Welt so morgenklar/ Und noch so nah der Himmel war/ Da sah ich dich zum letzten mal/ Die schönen Flügel breiten. ... Du farbig weiches Wehen/ Das mir vom Paradiese kam ...*

Und Gitta Deutsch (vgl. S. 144) versichert: *Es gibt sie noch/ es gibt noch Schmetterlinge .../ da sah ich sie/ sah wieder/ Schmetterlinge/ die ich so lange schon/ aus unserer Zeit/ verschwunden glaubte.*

Kinder, die krank sind und sterben – so haben auch wir es in der Begleitung immer wieder erfahren – „wissen" so viel von ihrem Tod. Auch Kinder, die überraschend verunglücken, haben vor ihrem Tod be-zeichnet, was sie in Worten nicht ausdrücken konnten. Sie haben immer wieder gemalt: den Regenbogen, der Himmel und Erde verbindet, Zeichen des Friedens und des „Ankommens" in einer Welt, die mit der unseren verbunden ist. Und sie malen – Schmetterlinge.

Den zauberhaft-bunten, farbigen und leichten Bildern, die wir in unserer Arbeit mit Kindern gesammelt haben, würden wir mit einer Schwarz-Weiß-Reproduktion Gewalt antun; deshalb hier (nur) einen Schmetterling, der sich dieser am wenigsten entzieht – grau und in Stein ...

Versäumnis

Viel zu wenig kenn ich die
Bäume, die vor meinem
Fenster stehn und rauschen,
Viel zu selten baun sich meine
Träume Nester, um die
Winde zu belauschen,
Und des Himmels Silberwolken –
Spiele gehn vorüber, ohne
Mich zu trösten –
Ganz vergessen habe ich so viele
Wunder, die mir einst das
Herz erlösten

Ina Seidel

Nach schwerem Winter

Ob dir gleich in winterwährend
Dunkler Nacht den Sinn versehrt
Schwermut, die der süßen Hoffnung
Flügelschlag und Flug verwehrt.

Ob der Hall vom Schrei der Krähen
Dir im Ohr noch, lang und bang,
Und aus Nächten, vieldurchwachten,
Klagender, des Windes Klang –

Ach das Herz, es mild zu trösten,
ist das Kleine groß genug:
Eine gelbe Krokusblüte,
Einer Wolke Frühlingszug.

Albrecht Goes

Unruhig ist's in der Natur,
Als wie in meinem Herzen;
Doch draußen ist's der Frühling nur,
In mir sind's andre Schmerzen ...

O Sonne, lade mich nicht ein,
Du meinest es so gut,
Allein du weckest nur die Pein,
Die mir im Herzen ruht.

Friedrich Rückert

Frühlingsgedanken

Wär es wohl leichter,
wenn der Frühling
nicht so prahlte?

Wär es wohl leichter
ohne Drosselruf?
Wär ich wohl stärker
ohne Knospenbäume?
Wär ich wohl heller
ohne Himmelsblau?

Könnt ich wohl tapfer sein,
wenn keine Blumen blühen
und wenn die Sonne
hinter den Wolken schweigt?

Ich höre überall
den neuen Anfang.
Die Erde ist so jung.
Warum ist denn mein Gram
so alt, so alt?

Sascha Wagner*

Nicht alle Schmerzen sind heilbar,
denn manche schleichen sich
tiefer ins Herz hinein,
und während Tage und Jahre verstreichen,
werden sie Stein.

Du sprichst und lachst,
wie wenn nichts wäre,
sie scheinen zerronnen wie Schaum.
Doch du spürst ihre lastende Schwere
bis in den Traum.

Der Frühling kommt wieder
mit Wärme und Helle,
die Welt wird ein Blütenmeer.
Aber in meinem Herzen ist eine Stelle,
da blüht nichts mehr.

Ricarda Huch

Frühling

Überall das zarte Grün
des Frühlings
Aufbrechende Knospen
in wärmender Sonne,
Tiere, erwacht aus
dem Winterschlaf,
Vögel, zurück aus
dem Süden.
Überall Leben.
Keine Schneedecke
konnte es je
ersticken.

Frühling
um mich herum,
unter mir,
über mir.

Wann wieder
in mir?

*Renate Salzbrenner**

Und

Und Wiesen gibt es noch
und Bäume und
Sonnenuntergänge
und Meer
und Sterne
und das Wort
das Lied
und Menschen
und

Rose Ausländer

Es gibt sie noch
es gibt noch
Schmetterlinge

An einem späten
Herbsttag
warm und sonnig noch
da sah ich sie
auf einer alten
Friedhofsmauer
in einem stillen
kleinen Dorf

Die Mauer war
ganz überwachsen
mit dichtem Laub
und da –
wie bunte Edelsteine
hingestreut
auf dunkelgrünem Samt –
da sah ich sie
sah wieder
Schmetterlinge

die ich so lange schon
aus unsrer Zeit
verschwunden glaubte

Gitta Deutsch

Wissende Menschen schenkten
einen Buddleia
einen Sommerflieder
einen Schmetterlingsbaum

„Pflanzt ihn nicht aufs Grab
pflanzt ihn in den Garten
in dem euer Sohn einst spielte
und mit der Schaukel
in den Himmel flog."

Jetzt sitze ich
alternde Frau
in dem Garten
in dem unser Sohn einst spielte
und mit der Schaukel
in den Himmel flog
beim Buddleia
in der Natur
von der wir ein Teil sind

Ich rede mit ihm
und schicke Grüße
mit jedem *Schmetterling*
der in den Himmel fliegt
und sage:
warte wir kommen auch

*Ilse Karsch**

Trost

Unsterblich duften die Linden –
Was bangst du nur?
Du wirst vergehn, und deiner Füße Spur
Wird bald kein Auge mehr im Staube finden.
Doch blau und leuchtend wird der Sommer stehn

Und wird mit seinem süßen Atemwehn
Gelind die arme Menschenbrust entbinden.
Wo kommst du her? Wie lang bist du noch hier?
Was liegt an dir?
Unsterblich duften die Linden –

Ina Seidel

Du weißt, daß hinter den Wäldern blau
die großen Berge sind.
Und heute nur ist der Himmel grau
und die Erde blind.

Du weißt, daß über den Wolken schwer
die schönen Sterne stehn,
und heute nur ist aus dem goldenen Heer
kein einziger zu sehn.

Und warum glaubst du dann nicht auch,
daß uns die Wolke Welt,
nur heute als ein flücht'ger Hauch
die Ewigkeit verstellt?

Eugen Roth

Angenehme Vorstellungen von Dingen,
die noch nicht sind, aber sein werden,
zum Beispiel im März,
wenn wieder einmal keine einzige Knospe zu sehen,
kein Frühlingslufthauch zu spüren,
während doch gegen Abend der Amselsturm sich erhebt.
Blüten aus Terzen, Blättern aus Quinten, Sonne aus Trillern,
ganze Landschaften aus Tönen aufgebaut.
Frühlingslandschaften,
rosa-weiße Apfelbäume vor blauen Gewitterwolken,
Sumpfdotterbäche talabwärts,
rötlicher Schleier über den Buchenwäldern,
Sonne auf den Lidern,
Sonne auf der ausgestreckten Hand.
Lauter Erfreuliches,
was doch auch in anderer Beziehung,
zum Beispiel in der Beziehung der Menschen zueinander,
eintreten könnte,
Freude, Erkennen.
Amselsturm hinter den Regenschleiern,
und wer sagt,
daß in dem undurchsichtigen Sack Zukunft
nicht auch ein Entzücken steckt?

Marie Luise Kaschnitz

Der Möglichkeitssinn

Wenn es Wirklichkeitssinn gibt, und niemand wird bezweifeln, daß er seine Daseinsberechtigung hat, dann muß es auch etwas geben, das man Möglichkeitssinn nennen kann.
Der Möglichkeitssinn ließe sich geradezu als die Fähigkeit definieren, alles, was ebensogut sein könnte, zu denken und das, was ist, nicht wichtiger zu nehmen als das, was nicht ist. Man sieht, daß die Folgen solcher schöpferischen Anlagen bemerkenswert sein können ...
Das Mögliche umfaßt jedoch nicht nur die Träume gewisser Personen, sondern auch die noch nicht erwachten Absichten Gottes. Ein mögliches Erlebnis oder eine mögliche Wahrheit haben etwas sehr Göttliches in sich, ein Feuer, einen Flug, einen Bauwillen und bewußten Utopismus.
Es ist die Wirklichkeit, welche die Möglichkeit weckt, und nichts wäre so verkehrt, wie das zu leugnen. Trotzdem werden es in der Summe oder im Durchschnitt immer die gleichen Möglichkeiten bleiben, die sich wiederholen, so lange bis ein Mensch kommt, dem eine wirkliche Sache nicht mehr bedeutet als eine gedachte. *Er* ist es, der den neuen Möglichkeiten erst ihren Sinn und ihre Bestimmung gibt, und er erweckt sie.

Robert Musil

Karsamstagslegende
Den Verwaisten gewidmet

Seine Dornenkrone
Nahmen sie ab
Legten ihn ohne
Die Würde ins Grab.

Als sie gehetzt und müde
Andern Abends wieder zum Grabe kamen
Siehe, da blühte
Aus dem Hügel jenes Dornes Samen.

Und in den Blüten, abendgrau verhüllt
Sang wunderleise
Eine Drossel süß und mild
Eine helle Weise.

Da fühlten sie kaum
Mehr den Tod am Ort
Sahen über Zeit und Raum
Lächelten im hellen Traum
Gingen träumend fort.

Bertolt Brecht

Leben ist nur
der Traum eines Traumes
aber wach sein
ist anderswo.

Rainer Maria Rilke

Hoffnung

Aber ich sag dir,
damit du nicht
fortgehst,
es lohnt sich
zu warten,
denn wir werden
mit den Bäumen
zurückwachsen
in die Wurzeln,
mit den Strömen
umkehren
zum Berg,
mit den Steinen
weich werden
im Feuer
und endlich
erzählen können,
was wir sein wollten.

Peter Härtling

Es ist das Jahr des Treibsands
(Gitta Deutsch)

ANPASSUNG UND VERÄNDERUNG

Käthe Kollwitz, Das Warten

Wir erinnern an die ausgewählten Bilder von *Käthe Kollwitz*, die den Kapiteln „Trauern und Bewahren" (S. 49 ff.) und „Kind und Tod" (S. 101 ff.) vorangestellt wurden sowie an die kurzen Ausführungen zur Bedeutung, die sie in der Trauerarbeit, in der Arbeit mit Trauernden gewonnen haben.

Zwischen Anpassung und Veränderung...

Trauer: Regression und Prozeß. Auflösung und Konzentration.
Warten.
Ein Jahr – heißt es – muß vergehen ehe es leichter wird ...
Warten.
Erst wenn die Tage kürzer werden – wenn die Blätter fallen ...
wenn die Nebel wieder die Bäume verhüllen ... erst dann ...
Warten.
Dann erst können sich erste Narben bilden ...
Warten.
Das Jahr -wie es heißt – der Trauerarbeit ist jetzt vorüber ...
Das Jahr der Anpassung muß doch begonnen haben ....
Warten.
Versammeltes Schweigen. Verstummte Klage?
Versiegte Trauer. Besiegter Schmerz?
Es ist das Jahr des Treibsands, der leise nachgibt unter den Füßen –
das Jahr, in dem ihr mich nicht mehr rufen hört.

Das starke Trauergedicht von Gitta Deutsch ist in meinem Herzen, drängt sich mir auf. Ich finde kaum einen dichteren Ausdruck auf der Bildebene als – wieder bei Käthe Kollwitz – in „Das Warten".

Ein Jahr
heißt es
muß vergehn
ehe es
leichter
wird

erst wenn
die Tage
wieder
kürzer
und kühler
werden

erst wenn
die gelben
und roten
Blätter
fallen

erst wenn
die Nebel
wieder
weiß
die Bäume
verhüllen
dann erst
beginnt
das zweite
Jahr

dann erst
können sich
erste Narben
bilden

dann erst —
und immer
vorausgesetzt
daß der Schmerz
von gestern
das Alleinsein
von heute
und die Leere
von morgen

zu ertragen
waren
bis dahin

*

Das Jahr
ist vergangen
nach dem
– so hieß es –
alles
leichter wird

Das Jahr
der Besorgnis
darf jetzt
als beendet
gelten

Das Jahr
– wie hieß es –
der Trauerarbeit
ist jetzt
vorüber

Das Jahr
der neuen
Gedanken
das Jahr
der Anpassung
muß doch
begonnen
haben

Es ist
das Jahr
des Treibsands
der leise
nachgibt
unter den Füßen
—

das Jahr
in dem ihr mich
nicht mehr
rufen hört

Gitta Deutsch

Über das „Stark-Sein"

Viele Menschen sind überzeugt davon
daß Stark- und Tapfer-Sein bedeutet
an „etwas anderes" zu denken
nicht über Trauer zu sprechen

Aber wir wissen
daß wirklich Stark- und Tapfer-Sein bedeutet
an das Geschehene zu denken
über das Gewesene zu sprechen
bis unsere Trauer beginnt
erträglich zu werden.

Dás ist wirkliche Stärke
das ist wirklicher Mut
Und nur so wird
Stark- und Tapfer-Sein
uns zur Heilung tragen

*Sascha Wagner**

Es gibt nur eine Freiheit: Mit dem Tod ins Reine kommen.
Nachher ist alles möglich. Ich kann dich nicht zwingen,
an Gott zu glauben. Wenn du den Tod akzeptiert hast,
wird das Problem Gott gelöst sein – und nicht umgekehrt!

Albert Camus

Die Zeit, Gott zu suchen, ist dieses Leben.
Die Zeit, ihn zu finden, ist der Tod.
Die Zeit, ihn zu besitzen, ist die Ewigkeit

Franz von Sales

Wenn Sie an Gott nicht mehr glauben können, dann fragen Sie sich, ob Sie Gott denn wirklich verloren haben? Ist es nicht vielmehr so, daß Sie ihn nie besessen haben? Denn wann sollte das gewesen sein? Glauben Sie, es könnte, wer ihn wirklich hat, ihn verlieren wie einen kleinen Stein, oder meinen Sie nicht auch, wer ihn hätte, könnte nur noch von ihm verloren werden?

Warum denken Sie nicht, daß er der Kommende ist, der von Ewigkeit her bevorsteht, der Zukünftige, die endliche Frucht eines Baumes, dessen Blätter wir sind? Was hält Sie ab, seine Geburt hinauszuwerfen in die werdenden Zeiten und Ihr Leben zu leben wie einen schmerzhaften und schönen Tag in der Geschichte einer großen Schwangerschaft? Sehen Sie denn nicht, wie alles, was geschieht, immer wieder Anfang ist, und könnte es nicht sein *Anfang* sein?

Muß er nicht der Letzte sein, um alles in sich zu umfassen, und welchen Sinn hätten wir, wenn der, nach dem wir verlangen, schon gewesen wäre?

Rainer Maria Rilke in einem Brief an einen jungen Dichter

Ein jegliches hat seine Zeit, und alles Vorhaben
unter dem Himmel hat seine Stunde:
geboren werden hat seine Zeit, sterben hat seine Zeit,
weinen hat seine Zeit, lachen hat seine Zeit,
klagen hat seine Zeit, tanzen hat seine Zeit,
suchen hat seine Zeit, verlieren hat seine Zeit,
behalten hat seine Zeit, wegwerfen hat seine Zeit,
schweigen hat seine Zeit, reden hat seine Zeit.

Aus Prediger 3,1–7

Alles hat seine Zeit

Sprich nicht von der Schönheit der Natur,
wenn ein Schwerbehinderter,
innerlich und äußerlich gefesselt
durch Einschränkungen und Schmerzen,
hilfesuchend nach deiner Hand tastet.

Sag nicht am offenen Grab: „Es ist besser so",
denn alle, die einen geliebten Menschen verlieren,
sind erst auf dem Weg
zu dieser tröstenden Erkenntnis.

Berichte einem pflegebedürftigen Menschen,
der in der Enge seiner Situation und Wohnung
auf deinen Besuch gewartet hat, nicht endlos
von deinen frohen und schönen Erlebnissen.
Sie füllen die Zeit, aber nicht sein Herz.

Argumentiere nicht mit „Gottes Gerechtigkeit",
wenn ein Verzweifelter immer wieder „warum"
in die Nacht eines Schicksalsschlages schreit.
Bleib einfach schweigend an seiner Seite
und erbete stellvertretend für ihn Zuversicht.

Verbreite bei dem, dessen Leben
sich unaufhaltsam der Schwelle des Todes nähert,
keine Hoffnungen aufs Gesundwerden.
Sie hindern den Sterbenden und die, die ihn lieben, daran,
Ja-Sagen zu lernen und Abschied zu nehmen.

Alles hat seine Zeit:
das Hoffungwecken und Lichtanzünden,
das Ermutigen, ein befreiender Scherz.
Das Öffnen des Fensters, um hinauszuschauen,
und die Einladung zu einem gemeinsamen Spaziergang.

Aber auch das Dableiben, ohne auf die Uhr zu schauen,
Tränen trocknen und Verzweiflung aushalten,
das Miterleben bedrohlicher Ängste
und das Eingeständnis der eigenen Rat- und Hilflosigkeit.

Gudrun Born

Gott,
gib mir die Gelassenheit,
die Dinge anzunehmen,
die ich nicht ändern kann.
Den Mut,
die Dinge zu ändern,
die ich ändern kann.
Und die Weisheit,
das eine vom anderen
zu unterscheiden.

Friedrich Christoph Oetinger

Ich weiß nicht warum ...
Ich werde nie wissen warum ...
Ich muß es nicht wissen.
Ich mag es nicht ...
und ich muß es nicht mögen.
Meine Aufgabe ist es,
eine Entscheidung
über mein Leben zu treffen.
Was ich hoffe zu lernen ist:
Akzeptieren und weiterleben.
Es ist meine Entscheidung.

Iris Bolten

Ganz langsam erst –
wie einer
der sehr lange
krank war –
taste ich mich
zurück
an diesen Ort
und jenen
den wir geliebt
und weiß
daß ich dich
nicht mehr
suchen darf

Gitta Deutsch

Dein Todestag

Jedes Jahr,
um die gleiche Zeit,
stirbt mein Herz
deinen Tod.

Wenn
der Kalender
den Sommer anzeigt,
falle ich
mitten in den
Winter.

Wenn
die Natur
Bunt anlegt,
sehe ich
Grau.

Wenn
die Sonne
sich auf den
Gesichtern spiegelt,
ist sie
für mich
in Trauer.

Jedes Jahr,
um die gleiche Zeit,
sterbe ich
deinen Tod.

Um danach
das Atmen
neu zu lernen

*Renate Salzbrenner**

In den Tag finden

Laß ihn ein,
den neuen Tag,
den mühsalschweren
mit seinem grauen Gewand.
Bote ist er,
Anruf,
heute das Leben
zu wagen.

Nicht der Tag
macht dich arm,
der dir Last aufbürdet,
dem Schmerz
dich ausliefert.
Arm bleibst du nur,
wo du dich weigerst
zu lieben,
wo du dich wehrst,
das Unvollkommene
zu umarmen,
den Kreuzweg
mitzugehen.

Sabine Naegeli

woher das kreuz

eingeritzt
in bäume
als wegmarke
richtungen kreuzend
die mitte zeigend –
gekreuzigt

zeichen in mir
für das innere
das wesen
das herz
zwischen wundmalen –
gekreuzigt

konzentrierend
einen punkt erzeugend
zeuge für die zeit
im menschen geboren
am kreuz gestorben –
gekreuzigt

eingeritzt
in herzen
einen weg weisend
in die mitte
dort wo im kreuz
vereint sind
leben und tod
hoffen und zweifeln
gehen und stehen –

möchte viele wege
kreuzen
mit
offenen armen
selbst
kreuz
sein
selbst
weg

*Jörgen Habedank**

Ziehende Landschaft

Man muß weggehen können
und doch sein wie ein Baum:
als bliebe die Wurzel am Boden,
als zöge die Landschaft und wir ständen fest.
Man muß den Atem anhalten,
bis der Wind nachläßt
und die fremde Luft um uns zu kreisen beginnt,
bis das Licht von Spiel und Schatten,
von Grün und Blau,
die alten Muster zeigt
und wir zuhause sind,
wo es auch sei
und niedersitzen können und uns anlehnen,
als sei es an das Grab
unserer Mutter.

Hilde Domin

Reicher um das Verlorene und vermehrt um jenen unendlichen Schmerz

(Rainer Maria Rilke)

WACHSTUM UND VERWANDLUNG

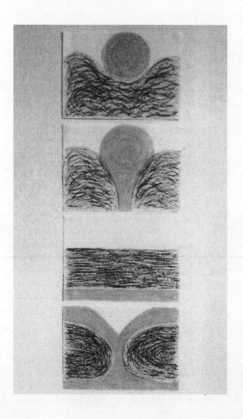

Viele brauchen die Erfahrung und den Frieden der Trauernden und alles, was in ihnen an Trost und Hilfe wächst ... (Jörg Zink, vgl. S. 172) Viele bräuchten das aus dem „Leidensvorsprung" erwachsene Wissen der Trauernden, *ihre* innere Kompetenz in Sachen Trennung, Abschied und Tod. Ihr Wissen um Anpassung und Veränderung, Zuversicht und Hoffnung, Wachstum und Verwandlung. Eindrucksvoll zeichnet es sich für mich immer wieder ab im Umgang mit trauernden Menschen. Ein Ausschnitt nur, eine kleine Facette aus der Trauerbegleiter Ausbildung:

Einer tagelangen, intensiven maltherapeutischen Lehreinheit mit *Gregg Furth/USA* (Heilen durch Malen. Einführung in die Bildinterpretation) folgt eine Vertiefung zentraler Aspekte (Voss-Eiser). Einer theologischen Hinführung schließt sich eine *Musikmeditation nach Arvo Pärt* (aus: „Tabula Rasa") an, jenem modernen Komponisten und Cellisten russisch-estnischer Herkunft mit seiner tiefen, geistlichen Musik. Danach malen die Teilnehmer spontan (und jeweils für sich) die unkommentiert angegebene Themenfolge: Leben – Sterben – Tod – Leben.

Sehr unterschiedlich, wenn auch gleichermaßen er-greifend in ihrer Aussagekraft, sind die Bilder. Eindrucksvoll aber auch das, was die einzelnen – in Assoziation, Interpretation und in dem Einfühlen in das eigene wie fremde Bilderleben – anschließend sehen und zu formulieren fähig sind. Wie sie (im Leben) Zerissenheit und Spaltung, den „Riß der Schöpfung", tief in sich selbst erleiden, ihre Verwundungen wahrnehmen. Wie sie (im Sterben) Trennung und Grenze, Angst und Gefahr, Übergang erleben. Oft „wie in Trance gemalt" (im Tod) Ungewißheit, Abgrund und Dunkel. Und wie sie als Person aus diesem „erschütternden" Prozeß hervorgehen, wie sie Verwandlung und Be-Friedung erfahren.

„Diese Bilder tauchten in meinem Innern sofort auf, waren einfach ‚da' auch in den Farben ..." berichtet *Elisabeth Volke*, die ihren Prozeß erlösend und „völlig angstfrei" erlebte.

Hier ihre Bildfolge, die in ihrer klaren Form unmittelbar anspricht, auch wenn natürlich die Farben fehlen – kräftiges Blau und Orange... (aus einer Dokumentation mit ausführlichen Beiträgen und farbigen Bildfolgen, in: VERWAISTE ELTERN. Leben mit dem Tod eines Kindes Jahresheft 4+5/1993, S. 121–142).

Wenn etwas uns
fortgenommen wird
womit wir tief
und wunderbar
zusammenhängen
so ist viel
von uns selber
mit fortgenommen.
Gott aber will
daß wir uns wiederfinden
reicher um das Verlorene
und vermehrt um
jenen unendlichen Schmerz.

Rainer Maria Rilke

Ich möchte Sie, so gut ich es kann, bitten, Geduld zu haben gegen alles Ungelöste in Ihrem Herzen und zu versuchen, *die Fragen selbst* liebzuhaben wie verschlossene Stuben und wie Bücher, die in einer sehr fremden Sprache geschrieben sind. Forschen Sie jetzt nicht nach den *Antworten*, die Ihnen nicht gegeben werden können, weil Sie sie nicht leben könnten. Und es handelt sich darum, alles zu *leben*. Leben Sie jetzt die Fragen. Vielleicht leben Sie dann allmählich, ohne es zu merken, eines fernen Tages in die Antwort hinein.

Rainer Maria Rilke an Kappus

Resignation für Anfänger

Suche du nichts. Es gibt nichts zu finden
Nichts zu ergründen. Finde dich ab.
Kommt ihre Zeit, dann blühen die Linden
über dem frisch geschaufelten Grab.
Zwischen Vergehen und Wiederbeginnen
liegt das Unmögliche. Und es geschieht!
Wie und wann war nie zu ersinnen.
Neu klingt dem Neuen das uralte Lied.
Geh nicht zugrunde, den Sinn zu ergründen.
Suche du nicht. Dann magst du ihn finden.

Mascha Kaléko

Optimismus

Optimismus ist in seinem Wesen keine Ansicht über die gegenwärtige Situation, sondern er ist eine Lebenskraft, eine Kraft der Hoffnung, wo andere resignieren, eine Kraft, den Kopf hoch zu halten, wenn alles fehlzuschlagen scheint, eine Kraft, Rückschläge zu ertragen, eine Kraft, die die Zukunft niemals dem Gegner läßt, sondern sie für sich in Anspruch nimmt.

Dietrich Bonhoeffer

„Es ist alles umsonst",
sagt der Nihilist und verzweifelt.
„Es ist wirklich alles umsonst",
sagt der Glaubende
und freut sich der Gnade,
die es umsonst gibt
und hofft auf eine neue Welt,
in der alles umsonst
zu geben und zu haben ist.

Jürgen Moltmann

Trauerarbeit

Die Zeit „tröstet" ja nicht, wie man oberflächlich sagt, sie räumt höchstens ein, sie ordnet ... Nicht sich hinwegtrösten wollen über einen Verlust, müßte unser Instinkt sein, vielmehr müßte es unsere tiefe, schmerzhafte Neugierde werden, ihn ganz zu erforschen, die Besonderheit, die Einzigartigkeit gerade *dieses* Verlustes, seine Wirkung innerhalb unseres Lebens zu erfahren ...: *dies* ist dann unendliche Leistung, die alles Negative, das dem Schmerz anhaftet, alle Trägheit und Nachgiebigkeit, die immer einen Teil des Schmerzes ausmacht, überwindet, dies ist tätiger, innen-wirkender Schmerz, der einzige, der Sinn hat und unser würdig ist.

Rainer Maria Rilke

Wenn der Tod die einzige Lösung ist,
befinden wir uns nicht auf dem richtigen Weg!
Der richtige Weg führt zum Leben, an die Sonne ...

Albert Camus

Wie konnte ich
mit soviel Sonne
im Gedächtnis
auf die Sinnlosigkeit
setzen

Albert Camus

Sie haben viele und große Traurigkeiten gehabt, die vorübergingen..., vielmehr mitten durch Sie hindurchgegangen sind. Ob nicht vieles in Ihnen sich *verwandelt* hat, ob Sie nicht irgendwo, an irgendeiner Stelle Ihres Wesens sich verändert haben, während Sie traurig waren? Gefährlich und schlecht sind nur jene Traurigkeiten, die man unter die Leute trägt, um sie zu übertönen; wie Krankheiten, die oberflächlich und töricht behandelt werden, treten sie nur zurück und brechen nach einer kleinen Pause um so furchtbarer aus; und sammeln sich an im Innern und sind Leben, sind ungelebtes, verschmähtes, verlorenes Leben, an dem man sterben kann. Wäre es uns möglich, weiter zu sehen, als unser Wissen reicht..., vielleicht würden wir dann unsere Traurigkeiten mit größerem Vertrauen ertragen als unsere Freuden. Denn sie sind die Augenblicke, da etwas Neues in uns eingetreten ist, etwas Unbekanntes. Ich glaube, daß fast alle unsere Traurigkeiten Momente der Spannung sind, die wir als Lähmung empfinden, weil wir unsere befremdeten Gefühle nicht mehr leben hören. Weil wir mit dem Fremden, das bei uns eingetreten ist, allein sind; weil uns alles Vertraute und Gewohnte für einen Augenblick fortgenommen ist; weil wir mitten in einem *Übergang* stehen, wo wir nicht „stehen" können. Man könnte uns leicht glauben machen, es sei nichts geschehen, und doch haben wir uns *verwandelt*, wie ein Haus sich verwandelt, in welches ein Gast eingetreten ist. Wir können nicht sagen, wer gekommen ist, wir werden es vielleicht nie wissen, aber es sprechen viele Anzeichen dafür, daß die Zukunft in solcher Weise in uns eintritt, um sich in uns zu verwandeln, lange bevor sie geschieht. Und darum ist es so wichtig, einsam und aufmerksam zu sein, wenn man traurig ist: weil der scheinbar ereignislose und starre Augenblick, da unsere Zukunft uns betritt, dem Leben so viel näher steht als jener andere laute und zufällige Zeitpunkt, da sie uns, wie von außen her, geschieht...

Rainer Maria Rilke an Kappus

Es mag durchaus sein,
daß dir auf dieser Erde noch mehr zugedacht ist,
neues und anderes, als du jetzt siehst.
Aber das ist jetzt nicht wichtig. Wichtig ist
daß du nicht meinst, die *Sonne* sei untergegangen
Sie leuchtet nur anders in einem anderen Raum.

Wichtig ist, was in dir selbst geschieht.
Denn die Liebe will das Tägliche stärker prägen,
nicht schwächer als früher,
so, daß du das Leid der Menschen besser verstehst
und ein neues, warmes Leben für dich beginnt.

Wichtig ist, daß du nicht karg wirst.
Viele brauchen deine Erfahrung und deinen Frieden
und alles, was in dir an Trost und Hilfe wächst.
Denn die Erde, die durch das Leiden des Christus
erlöst wurde, braucht den Trost,
der von den Trauernden ausgeht.

Jörg Zink

Noch bist du da
(Rose Ausländer)

ENDE UND NEUBEGINN

Georges Rouault, Emmaus-Jünger

Der Gang nach Emmaus ist – übertragen auf die Bilder der Trauerbegleitung – der Weg, der die Trauernden wegführt vom Ort des Todes. „Weggehen wollen – das ist der stärkste Grundimpuls, den Trauernde verspüren. Alles hinter sich lassen – was habe ich denn jetzt noch zu erwarten? Abstand gewinnen – ohne ein zwingendes Ziel vor Augen" ...
Doch – jetzt fangen die schweren Wege der Trauer erst an. Erst jetzt beginnen Verlassenheit und tiefe Einsamkeit auf einem endlos erscheinenden Weg. Stadt, Heimat, Behausung, Geborgensein liegen noch in weiter Ferne ...
Der Emmausweg als Trauerweg par excellence. Hier haben sich zwei Trauernde zusammengetan, teilen ihren Kummer. „Sie tun das, was für alle Trauernden in dieser Zeit unendlich wichtig wäre: Sie reden miteinander" und – sie finden einen Begleiter, der zuhört, ihre Trauer zuläßt, *mitgeht*, bei ihnen aushält, bleibt (vgl. M. Schibilsky a.a.O., S. 148 ff.). Je länger sie miteinander unterwegs sind, desto mehr gelingt es, das Unfaßbare in Worte zu fassen, indem sie es immer und immer wieder bewegen, formen, formulieren ...

Für Rouault bestand die Wahrheit des Lebens und sein Mysterium darin, daß uns die göttliche Zusage erreicht: Ich bin mit dir. Christus als der Mitmensch schlechthin – kraftvoll vom Künstler ins Bild gebracht – als der Auferstandene, unerkannt zwischen den Jüngern ...

In dem Moment, in dem die Jünger in ihrem Begleiter Christus erkennen, ist er ihrem Zugriff entzogen. Aber – sie erinnern sich: Brannte nicht unser Herz als wir mit ihm redeten? Und sie „stehen auf", finden die Kraft, zurückzugehen nach Jerusalem, finden den Weg zurück ins Leben: Ende und Neubeginn ...

Das Sicheinlassen auf die schweren und langen Wege der Trauer ist für einen Begleiter in seiner Nachfolge heute eine der anspruchsvollsten und schwierigsten Aufgaben. Im Zeitalter der „Macher und des „Machbaren" sind Lösungen angesagt (wer mag schon auf „Erlösung" warten?) und – schneller Trost. Wegsehen statt Mitgehen ist die Devise! Kaum zu ertragen (und schon gar nicht mitzutragen) sind mühsame Zeiten der Ohn-macht und Hilflosigkeit, des Zweifels und der Verzweiflung, der Sehnsucht und der Suche nach Sinn.

Mit Bedacht haben wir deshalb die Tuschezeichnung von Rouault schon vor Jahren als Cover der Ausbildungsbroschüre für Trauerbegleiter gewählt.

Noch bist du da

Wirf deine Angst
in die Luft

Bald
ist deine Zeit um
bald
wächst der Himmel
unter dem Gras
fallen deine Träume
ins Nirgends

Noch
duftet die Nelke
singt die Drossel
noch darfst du lieben
Worte verschenken
noch bist du da

Sei was du bist
Gib was du hast

Rose Ausländer

Ich habe Angst
vor der Angst
die mich in jeder Sekunde
überfallen kann

Wer kann das verstehen?

Ich habe Angst
vor der Sehnsucht
die mich in jeder Sekunde
überkommen kann
Sehnsucht
nach dir

Wem darf ich sie zeigen?

Ich habe Angst
vor meinen Tränen
die mich in jeder Sekunde
überschwemmen können.

Wem kann ich sie zumuten?

Ich habe Angst
vor meinen Fehlern
die ich heute
jede Minute
jede Sekunde
wieder und wieder
begehen kann
Fehler wie damals bei dir

Ich habe Angst

Ilse Karsch*

Brüste sich wer da will

Brüste sich
wer da will
mit dem Mut
der Verzweiflung

Meine Angst
kann sich sehen lassen
angesehn
unter den Ängsten
und wahrer
als ich es wahrhaben will
Ein rotes Tuch
mein Mütchen
daran zu kühlen

Sagt meiner Angst
Ich verliere sie
nicht aus den Augen

Sagt meinen Trübsalen
Ich schicke mich an
sie zu rühmen

Sagt meinem Tod
daß er offene Türen
einrennen wird

Eva Zeller

Du wirst deinen Mut
wiederfinden:
zu deiner eigenen Zeit,
in deinem eigenen Maß.

Vertraue dir selbst.

Sascha Wagner*

Mut gibt es eigentlich gar nicht. Sobald man überlegt, wo man ist, ist man schon an einem bestimmten Punkt. Man muß nur den nächsten Schritt tun. Mehr als den nächsten Schritt kann man überhaupt nicht tun. Wer behauptet, er wisse den übernächsten Schritt, lügt. So einem ist auf jeden Fall mit Vorsicht zu begegnen.
Der nächste Schritt aber ist immer fällig. Man weiß ihn genau. Wenn du ihn tust, wirst du dadurch, daß du erlebst, wie du ihn dir zugetraut hast, auch Mut gewinnen.
Während du ihn tust, brichst du nicht zusammen, sondern fühlst dich gestärkt.
Es gibt nicht nur die Gefahr, daß du zuviel riskierst, es gibt auch die Gefahr, daß du zu wenig riskierst. *Dem Gehenden schiebt sich der Weg unter die Füße.*

Martin Walser

Die Gefährdung überwinden

Teuflische Versuchung,
die Hoffnung
zu Grabe zu tragen,
ihr Sterben
zu wollen,
Auferstehung
nicht zuzulassen.
Teuflische Versuchung,
liegenzubleiben,
das Weitergehen
zu verweigern,
die Verzweiflung
festzuhalten.

Teuflische Versuchung,
die Zerstörung
zu lieben,
den Tod
zum Freund
zu machen,
zu fliehen
vor dem,
der dein Leben will.

Sabine Naegeli

ihr fragt
wie ist
die auferstehung der toten?
    ich weiß es nicht

ihr fragt
wann ist
die auferstehung der toten?
    ich weiß es nicht

ihr fragt
gibts
eine auferstehung der toten?
    ich weiß es nicht

ich weiß
nur
wonach ihr nicht fragt:
    die auferstehung derer die leben

ich weiß
nur
wozu Er uns ruft:
    zur auferstehung heute und jetzt

Kurt Marti

Nicht müde werden

Nicht müde werden
sondern dem Wunder
leise
wie einem Vogel
die Hand hinhalten.

Hilde Domin

Ausblick

Zuletzt
wirst du *auferstehen*
aus der Klage.
Verwehen
wird dein banges Fragen
wie ein Nichts.

Zuletzt
wirst du erkennen,
daß deine Grenzen
Brücken waren
auf dem Weg
zu ihm,
*daß du niemals
tiefer umarmt warst
als im Leid.*

Sabine Naegeli

Ich wollte das Leiden
vermeiden.

Aber sie haben
mich gefunden,
gezwungen,
sein Kreuz zu tragen

Nun bin ich
sein Weggefährte.

Heinz-Jürgen Harder

Unterwegs nach Emmaus

Unser Emmaus liegt
in unbekannter Entfernung
vom Unfalltod
des geliebten Kindes;
am unbezifferten
Kilometerstein,
nah und weit
hinter dem
sicheren Krebsbefund;
irgendwo
an der Wüstenstraße
zerbrochener
oder versagter Liebe.

Viele, Herr,
viele von uns
sind unterwegs
im quälenden Rhythmus
der Hoffnungslosigkeit,
Augen und Lippen
brennend
im Salz der Tränen,
in den Ohren
das unabwendbare Urteil.
Viele, Herr,
viele von uns
sind unterwegs –
gelähmt
verstummt
erblindet
und taub geworden
für deine
befreiende Nähe.

Weil du gelitten hast,
Herr,
weil du das schreckliche
Urteil
gehört und angenommen,
weil du in Ängsten
geschrien,
weil du verlassen
von allen
das Grauen des Todes
ertragen hast,
gehst du mit uns,
bis wir dich
endlich erkennen
und bitten:
Herr, bleibe bei uns!

Christa Peikert-Flaspöhler

Er ist das Wort ...

Er ist das Wort. Und läßt sich doch nicht sagen.
Er ist in tiefster Dunkelheit das Licht.
Wir stehn in seinem Glanz. Jedoch geschlagen
von Blindheit, bangen wir und – sehn ihn nicht.

Wir suchen ihn auf namenlosen Wegen.
Wir flehn, er möge zeigen, daß er sei.
Und immer wieder kommt er uns entgegen,
und unerkannt geht er an uns vorbei.

Wir glauben ihn, selbst wenn uns Zweifel brennen.
Er ist der Schwerpunkt dieser großen Welt,
die sein Gesetz so ganz umschlossen hält.

Und spät, sehr spät erst lernen wir erkennen,
daß er, der Ferne, ganz unwandelbar
von Anbeginn in unserm Herzen war.

Wolfgang Federau

*Ich wünsche dir nicht ein Leben
ohne Schmerz ...*

(Irischer Segen)

WÜNSCHE UND SEGEN

Irland 1996

Timoleague Abbey
Friedhof des Franziskanerklosters
in der Courtmacsherry Bay, 14. Jh.

Photo: Kordula Voss

Ich wünsche dir nicht
ein Leben ohne Entbehrung,
ein Leben ohne Schmerz,
ein Leben ohne Störung.
Was solltest du tun
mit einem solchen Leben?

Ich wünsche dir aber,
daß du bewahrt sein mögest
an Leib und Seele.
Daß dich einer trägt und schützt
und dich durch alles,
was dir geschieht,
deinem Ziel
entgegenführt.

Daß du unberührt bleiben mögest
von Trauer,
unberührt
vom Schicksal anderer Menschen,
das wünsche ich dir *nicht.*
So unbedacht soll man nicht wünschen.

Ich wünsche dir aber,
daß dich immer wieder
etwas berührt,
das ich dir nicht so recht beschreiben kann.
Es heißt „Gnade".
Gnade ist ein altes Wort,
aber wer sie erfährt,
für den ist sie wie Morgenlicht.

Jörg Zink

Mut zu einem reichen, verwundbaren Leben

Herr
irgendwann muß jeder von uns mit der Versuchung fertigwerden,
eine Mauer um sein Herz zu bauen,
die ihn schützen soll
vor den Verwundungen des Lebens,
vor Enttäuschung und Bitterkeit.
Irgendwann ist jeder von uns enttäuscht
von einer Liebe, von einer Freundschaft,
von einem Vertrauen, von einem Urteil,
von seiner Umwelt, von sich selbst ...

Wir sind in Versuchung eine Mauer zu bauen um unser Herz,
das so verwundbar geworden, das verwundet worden ist.
Wir suchen Schutz und ziehen uns zurück:
Wer nichts riskiert, wird nicht enttäuscht...

Unmerklich aber wird unser ganzes Leben zur Enttäuschung:
Wir *können* keine Mauern bauen,
die nur vor dem Schlimmen bewahren.
Mauern, die wir bauen, werden *alles* fernhalten:
mit dem Leid auch die Freude,
mit Ablehnung und Feindschaft auch Nähe und Freundschaft,
mit Enttäuschung auch alle Hoffnung.

Wenn wir das Unkraut vermeiden wollen,
müssen wir den Acker betonieren.
Wo aber wächst dann der Weizen?

Herr
Gib uns den Mut zu einem reichen, verwundbaren Leben.

Anonym

Ich wünsche dir,
daß dich das Licht eines neuen Morgens
hell umfängt,
und daß die ersten Sonnenstrahlen
deine Müdigkeiten berühren
und deine Traurigkeiten erwärmen.

Ich wünsche dir,
daß die weißen Wolken am Himmel
deine versunkenen Träume
wieder neu aufsteigen lassen in dir
und deine wiedererweckten Sehnsüchte
dich in den Tag hinein bewegen.

Ich wünsche dir,
daß der Wind
deinen Atem belebt
und dich erfrischt
zu neuen Schritten,
durch die Veränderung geschieht.

Ich wünsche dir,
daß dich die Dunkelheit der Nacht
nicht ängstigt und bedroht,
sondern daß dir ein Stern aufleuchtet,
der dir Hoffnung verheißt
für den beginnenden Tag.

Ich wünsche dir,
daß du erfahren mögest,
daß alles, woran du gelitten hast,
nicht vergeblich gewesen ist,
und daß dir Kräfte zuwachsen,
deine Begabungen zu entfalten
und die Beziehungen zu Menschen,
die deinem Herzen nahe stehen,
heilvoll und fruchtbar zu gestalten.

Ich wünsche dir,
daß der kommende Tag
ein gesegneter für dich sein wird.

Irischer Segenswunsch

Nicht alle unsere Wünsche,
aber alle seine Verheißungen
erfüllt Gott.

Dietrich Bonhoeffer

Glück-Wunsch

1
daß du dir
(hier und da)
glückst

2
daß Glück
dich nicht blende
für Unglücke
anderer

3
daß Unglücke
dich nicht verschlingen
für immer

4
daß dir
(ab und zu)
ein Glück für andere
glücke

5
daß dein Wunsch nicht sterbe
nach einer Welt
wo viele (wo alle?)
sich glücken können

Kurt Marti

Der Segen der Trauernden

Gesegnet seien alle,
die mir jetzt nicht ausweichen.
Dankbar bin ich für jeden,
der mir einmal zulächelt
und mir seine Hand reicht,
wenn ich mich verlassen fühle.

Gesegnet seien die,
die mich immer noch besuchen,
obwohl sie Angst haben,
etwas Falsches zu sagen.

Gesegnet seien alle,
die mir erlauben
von dem Verstorbenen zu sprechen.
Ich möchte meine Erinnerungen
nicht totschweigen.
Ich suche Menschen,
denen ich mitteilen kann,
was mich bewegt.

Gesegnet seien alle,
die mir zuhören,
auch wenn das,
was ich zu sagen habe,
sehr schwer zu ertragen ist.

Gesegnet seien alle,
die mich nicht ändern wollen,
sondern geduldig so annehmen,
wie ich jetzt bin.

Gesegnet seien alle,
die mich trösten
und mir zusichern,
daß Gott mich nicht verlassen hat.

*Marie-Luise Wölfing**

Mitmenschen, nehmt uns Trauernde an

Geht behutsam mit uns um, denn wir sind schutzlos. Die Wunde in uns ist noch offen und weiteren Verletzungen preisgegeben.
Wir haben so wenig Kraft, um Widerstand zu leisten.

Gestattet uns unseren Weg, der lang sein kann. Drängt uns nicht, so zu sein wie früher, wir können es nicht.
Denkt daran, daß wir in Wandlung begriffen sind.
Laßt euch sagen, daß wir uns selbst fremd sind.
Habt Geduld.

Wir wissen, daß wir Bitteres in eure Zufriedenheit streuen,
daß euer Lachen ersterben kann, wenn ihr unser Erschrecken seht,
daß wir euch mit Leid konfrontieren, das ihr vermeiden möchtet.

Wenn wir eure Kinder sehen, leiden wir.
Wir müssen die Frage nach dem Sinn unseres Lebens stellen.
Wir haben die Sicherheit verloren, in der ihr noch lebt.

Ihr haltet uns entgegen: auch wir haben Kummer!
Doch wenn wir euch fragen, ob ihr unser Schicksal tragen möchtet, erschreckt ihr.
Aber verzeiht: unser Leid ist so übermächtig, daß wir oft vergessen, daß es viele Arten von Schmerz gibt.

Ihr wißt vielleicht nicht, wie schwer wir unsere Gedanken sammeln können.
Unsere Kinder begleiten uns. Vieles, was wir hören, müssen wir auf sie beziehen.
Wir hören euch zu, aber unsere Gedanken schweifen ab.

Nehmt es an, wenn wir von unseren Kindern und unserer
Trauer zu sprechen beginnen.
Wir tun nur das, was in uns drängt.
Wenn wir eure Abwehr sehen, fühlen wir uns unverstanden
und einsam.

Laßt unsere Kinder bedeutend werden vor euch.

Teilt mit uns den Glauben an sie.
Noch mehr als früher sind sie ein Teil von uns.
Wenn ihr unsere Kinder verletzt, verletzt ihr uns.
Mag sein, daß wir sie vollendeter machen, als sie es waren,
aber Fehler zuzugestehen fällt uns noch schwer.
Zerstört nicht unser Bild.
Glaubt uns, wir brauchen es so.

Versucht, euch in uns einzufühlen.
Glaubt daran, daß unsere Belastbarkeit wächst.
Glaubt daran, daß wir eines Tages mit neuem Selbst-
verständnis leben werden.
Euer „Zu-trauen" stärkt uns auf diesem Weg.

Wenn wir es geschafft haben, unser Schicksal
anzunehmen, werden wir euch freier begegnen.
Jetzt aber zwingt uns nicht mit Wort und Blick, unser
Unglück zu leugnen.
Wir brauchen eure Annahme.
Vergeßt nicht: wir müssen so vieles von neuem lernen.
Unsere Trauer hat unser Sehen und Fühlen verändert.

Bleibt an unserer Seite.
Lernt von uns für euer eigenes Leben.

*Erika Bodner**

Seligpreisung eines alten Menschen

Selig, die Verständnis zeigen für meinen stolpernden Fuß
und meine lahmende Hand.

Selig, die begreifen, daß mein Ohr sich anstrengen muß,
um alles aufzunehmen, was man zu mir spricht.

Selig, die zu wissen scheinen, daß meine Augen trüb
und meine Gedanken träge geworden sind.

Selig, die mit freundlichem Lachen verweilen,
um ein wenig mit mir zu plaudern.

Selig, die niemals sagen: „Diese Geschichte haben Sie mir
heute schon zweimal erzählt."

Selig, die es verstehen, Erinnerungen an frühere Zeiten in
mir wachzurufen.

Selig, die mich erfahren lassen, daß ich geliebt, geachtet
und nicht alleingelassen bin.

Selig, die in ihrer Güte die Tage, die mir noch bleiben auf
dem Wege in die ewige Heimat, erleichtern.

Aus Afrika

Um den Segen bitten

Herr, segne meine Hände,
    daß sie behutsam seien,
    daß sie halten können,
    ohne zur Fessel zu werden,
    daß sie geben können ohne Berechnung,
    daß ihnen innewohne
    die Kraft, zu trösten und zu segnen.

Herr, segne meine Augen,
    daß sie Bedürftigkeit wahrnehmen,
    daß sie das Unscheinbare nicht
    übersehen,
    daß sie hindurchschauen
    durch das Vordergründige,
    daß andere sich wohlfühlen können
    unter meinem Blick.

Herr, segne meine Ohren,
    daß sie deine Stimme
    zu erhorchen vermögen,
    daß sie hellhörig seien
    für die Stimme der Not,
    daß sie verschlossen seien
    für den Lärm und das Geschwätz,
    daß sie das Unbequeme nicht überhören.

Herr, segne meinen Mund,
    daß er dich bezeuge,
    daß nichts von ihm ausgehe,
    was verletzt und zerstört,
    daß er heilende Wort spreche,
    daß er Anvertrautes bewahre.

Herr, segne mein Herz,
    daß es Wohnstatt sei deinem Geist,
    daß es Wärme schenken und bergen kann,
    daß es reich sei an Verzeihung,
    daß es Leid und Freude teilen kann.

Sabine Naegeli

Vergiß die Träume nicht,
wenn die Nacht
wieder über dich hereinbricht
und die Dunkelheit
dich wieder gefangenzunehmen droht.
Noch ist nicht alles verloren.
Deine Träume und deine Sehnsüchte
tragen Bilder der Hoffnung in sich.
Deine Seele weiß,
daß in der Tiefe Heilung schlummert
und bald in dir
ein neuer Tag erwacht.

Ich wünsche dir,
daß du die Zeiten der Einsamkeit
nicht als versäumtes Leben erfährst,
sondern daß du beim Hineinhorchen
in dich selbst
noch Unerschlossenes
in dir entdeckst.

Ich wünsche dir,
daß dich all das Unerfüllte
in deinem Leben
nicht erdrückt,
sondern daß du dankbar sein kannst
für das, was dir an Schönem gelingt.

Ich wünsche dir,
daß all deine Traurigkeiten
nicht vergeblich sind,
sondern daß du aus der Berührung
mit deinen Tiefen
auch Freude
wieder neu erleben kannst.

Irischer Segenswunsch

Rosen der Gerechtigkeit

Das ist unser Auftrag, das ist unsere Bestimmung:
Auf uns ruht der Geist Gottes. Gute Nachricht für die
Zerschlagenen, Heil, für die, die ein verwundetes Herz
haben, Befreiung für die Gefangenen.
Das ist unser Auftrag, das ist unsere Bestimmung:
auszurufen das Gnadenjahr des Herrn
und den Tag der Empörung Gottes.
Alle Traurigen werden getröstet.
Ihre Gesichter werden geschmückt mit herzlicher Freude,
laut werden sie singen, statt verzagt zu schweigen.
Und sie bekommen einen neuen Namen:
„Rosen der Gerechtigkeit",
Frühlingsblüten des Herrn – ihm zur Ehre.
Alles, was verschüttet war in uns an Sehnsucht,
alle Trümmer unserer zerstörten Träume werden aufgebaut
werden –
schön, wie am Anfang.
Laut will ich mich freuen über Gott, meinen Vater:
Er umhüllt mich mit seinem Heil wie mit einer warmen
Decke und schützt mich mit dem Mantel der Gerechtigkeit.

Jesaja 61

Möge dein Weg
dir freundlich entgegenkommen,
möge der Wind
dir den Rücken stärken.
Möge die Sonne
dein Gesicht erhellen
und der Regen um dich her
die Felder tränken.
Und bis wir beide, du und ich,
uns wiedersehen,
möge Gott dich schützend
in seiner Hand halten.

Gott möge bei dir
auf deinem Kissen ruhen.
Deine Wege
mögen dich aufwärts führen,
freundliches Wetter
begleite deinen Schritt.
Und mögest du
längst im Himmel sein,
wenn der Teufel bemerkt,
daß du nicht mehr da bist.

Irischer Reisesegen

Der Aaron-Segen

Der Herr,
aus dessen Hand du kommst,
der dein Vater ist,

segne dich,
er lasse dich gedeihen
und wachsen an Leib und Seele.

Er behüte dich
vor Angst und Gefahr
und allem Argen.

Er lasse sein Angesicht
leuchten über dir
wie die Sonne über der Erde

und sei dir gnädig,
vergebe dir deine Schuld
und mache dich frei.

Der Herr erhebe sein Angesicht
auf dich,
er schaue in Liebe auf dich
und tröste dich.

Er gebe dir Frieden,
das Wohl des Leibes
und das Heil der Seele.

So will es der Herr.
So gilt es in Zeit und Ewigkeit.
So gilt es für dich. Amen.

Jörg Zink, nach 4. Mose 6

Anhang

TEXTE

Friedrich Rückert schreibt vor über hundert Jahren in Hunderten von Gedichten gegen den Tod seiner beiden jüngsten Kinder an, – bewegendes Dokument seines Lebens, seines Trauerweges. Allgemein bekannt geworden sind nur wenige davon, die „Kindertodtenlieder" in der Vertonung von Gustav Mahler.

Um den frühen Tod eines Kindes, jenen „Tod zur Unzeit", der den Menschen in seiner „Widernatürlichkeit" besonders trifft und aufbegehren läßt, geht es in diesem Buch auch bei „älteren" Autoren wie Freud, Eichendorff und Mörike oder bei jüngeren Autorinnen wie Lasker-Schüler, Kaléko und Grünwald.

Zu dem Kreis der **„Verwaisten Eltern"**, der trauernden Geschwister und Freunde (im laufenden Text mit * gekennzeichnet) gehören:

Kerstin Brockmann (S. 33) trauert in ihrem Abschiedsgedicht um die Jugendfreundin Astrid, die 1994 mit 26 Jahren starb.

Renate Salzbrenner (S. 52, 82, 113, 118, 131, 143, 160) trauert um ihren Sohn Christian, der sich 1992 mit 27 Jahren das Leben nahm.

Sascha Wagner (S. 52, 85, 110, 124, 130, 141, 154, 178) verlor ihren kleinen Sohn Nino mit vier Jahren durch Ertrinken und ihre Tochter Eve mit 22 Jahren durch Suizid. Sie arbeitet für/mit Verwaisten Eltern (The Compassionate Friends, TCF) in den USA und in Deutschland, insbesondere für Eltern, die ihr einziges Kind, mehrere oder alle Kinder verloren haben. Therapeutische Schreibwerkstatt für Trauernde. Autorin. Vierteljahrsschrift L.A.R.G.O (Life After Repeated Grief: Options). Veröffentlichung der Verse u. a. in VERWAISTE ELTERN. Leben mit dem Tod eines Kindes 4/5 (1993), S. 63–66.

Maike, 13 Jahre, (S. 54) trauert um ihren Bruder Oliver, der mit 21 Jahren bei einem Verkehrsunfall ums Leben kam.

Jutta Klinkhammer-Hubo (S. 55) trauert um ihre kleine Anika, die 1992 mit einem schweren Herzfehler geboren wurde und nur acht Tage lebte.

Jörgen Habedank (S. 121, 162) trauert um seinen Sohn Jonathan, der 1991 mit drei Jahren, nach dem Sturz aus einem Fenster, starb.

Ilse Karsch (S. 129, 145, 176) trauert um ihren Sohn Clemens, der sich 1992 mit 19 Jahren das Leben nahm.

Sabine Niebuhr (S. 53, 68) trauert um Juliane, die 1990 tot geboren wurde, und um Christian Max, der 1993 mit neun Monaten am Plötzlichen Säuglingstod starb.

Tina Krug (S. 75) trauert um Dominik, der 1990 geboren wurde und nur 14 Tage lebte.

Monja Kallus (S. 105, 110) trauert um Brandon, der 1994 im Alter von 15 Monaten an einer Herzmuskelentzündung starb.

Sylvia Frey-Herkle (S. 109) trauert um Felix Silvan, der 1990 drei Tage nach seiner Geburt starb.

Wolfgang Hinker (S. 112) trauert um seine Tochter, die 1977 ertrank.

Marie-Luise Wölfing (S. 192) trauert um ihren Sohn Karsten, der mit 11 Jahren an einem Hirntumor starb. Arbeit mit verwaisten Eltern. Autorin von „Komm, gib mir deine Hand" (1985) und „Hilf mir, ohne mein Kind zu leben" (1987) u.a.

Dr. Erika Bodner (S. 195) trauert um ihren Sohn Herwig, der sich 1989 mit 23 Jahren das Leben nahm. Arbeit mit verwaisten Eltern in Graz/Österreich. Diplompsychologin. Autorin von Artikeln, Texten und Trostbriefen an Betroffene.

Hermine Ehrenberg (S. 37, 104, 131), Mutter eines kleinen Mädchens, das 1962 zur Welt kam und nur wenige Stunden lebte. Autorin von „Glaskind". Gedichte, Totenlieder für ein Kind/geboren/gestorben/am Anfang des Sommers mit 6 Bildern von Heide Daun und einem Nachwort von Ursula Goldmann-Posch, Verlag Karl Hart 1994.

ABBILDUNGEN

Heidi Matzel (S. 27 f.) trauert um ihren Sohn Michael, der sich 1992 mit 25 Jahren das Leben nahm.

Julie Fritsch (S. 63 f., 115 f.) trauert um ihren kleinen Sohn Justin, der 1986 während der Geburt starb.

Johanna Manshardt-Schotte (S. 89 f.) trauert um ihren Sohn Christoph, der sich 1985 mit 25 Jahren das Leben nahm.

Joseph und Marion Röhrich (S. 125 f.) trauern um Josefin, die 1994 bei der Geburt starb.

Elisabeth Volke (S. 166) trauert um ihre drei Kinder: um Katharina, die 1957 tot geboren wurde, um Thomas und Bettina, die 1962 und 1964 jeweils im ersten Lebensjahr nach kurzer schwerer Krankheit starben.

Edvard Munch (S. 79 f.) verlor als Kind seine Mutter, als junger Mann seinen Vater und etliche seiner Künstlerfreunde. Als er 15 Jahre alt war, starb seine Schwester Sophie, einige Jahre später seine Schwester Laura.

Käthe Kollwitz (S. 49 f., 101 f., 151 f.) verlor einen ihrer beiden Söhne, 18jährig, im Krieg, was das Leben der noch nicht 50jährigen Mutter zutiefst erschüttert und ihr Werk stark beeinflußt hat.

QUELLENVERZEICHNIS

Die Abdruckgenehmigung für die mit * gekennzeichneten Texte erfolgte durch die Herausgeberin in Abstimmung mit den Rechteinhabern.

Mein Herz fühlt aus den Angeln sich gehoben,
und alle Horizonte sind verschoben
VERLUST UND VERZWEIFLUNG

Klage um den Bruder, Hans Egon Holthusen, aus: Hans Egon Holthusen, Das Gedicht. Blätter für die Dichtung, Verlag H. Ellermann, Hamburg 1947, © H. E. Holthusen.

Der Tod ist doch etwas so Seltsames…, Johann Wolfgang von Goethe an Eckermann 1830, aus: Goethes Gedanken über Tod…, Artemis & Winkler 1993.

Todes-Erfahrung, Rainer Maria Rilke, aus: Rainer Maria Rilke, Werke I, Insel Verlag, Frankfurt am Main.

Die Welt ist arm geworden, Gitta Deutsch, aus: Gitta Deutsch, An einem Tag im Februar. Gedichte, Aigner Verlag, Salzburg 1988 (AV-Edition Band 9).

Dein Tod Geliebter, Gitta Deutsch, a.a.O.

Memento, Mascha Kaléko, aus: Mascha Kaléko, Verse für Zeitgenossen (rororo), Rowohlt Verlag, Reinbek 1980, © Gisela Zoch-Westphal.

Plötzlich und unerwartet, Kerstin Brockmann*

In unserem Land, Bertolt Brecht, aus: Bertolt Brecht, Gesammelte Werke, © Suhrkamp Verlag, Frankfurt am Main 1967.

Requiem für Wolf Graf von Kalckreuth, Rainer Maria Rilke, aus: Rainer Maria Rilke, Werke II, Insel Verlag, Frankfurt am Main.

Chor der Tröster, Nelly Sachs, aus: Nelly Sachs, Fahrt ins Staublose, © Suhrkamp Verlag, Frankfurt am Main 1961.

Wie werd ich weinen, Hermine Ehrenberg, aus: Hermine Ehrenberg, Glaskind, Verlag Karl Hart, 97332 Volkach.

Unglaublich, wie erträgt ein Herz, Friedrich Rückert, aus: Friedrich Rückert, Kindertodtenlieder, Insel Verlag.
Engel, Wilhelm Willms, aus: Meine Schritte kreisen um die Mitte, Verlag Butzon und Bercker.

Solang mein Herz schlägt, ist darin dein Grab
TOD UND ABSCHIED

Elegie für Steven, Mascha Kaléko, aus: Mascha Kaléko, In meinen Träumen läutet es Sturm. Gedichte, © 1977 Deutscher Taschenbuch Verlag, München, S. 103.
Die Zeit, sagt man…, Von einer Freundin für Monja Kallus*
Über alle Gräber wächst…, Friedrich Rückert, aus: Friedrich Rückert, Kindertodtenlieder, Insel Verlag.
Was ich bei meiner Reise…, Marie Luise Kaschnitz, aus: Marie Luise Kaschnitz, Was willst du, du lebst, Fischer Taschenbuch Verlag, Frankfurt am Main 1992, © Claassen Verlag, Hildesheim.
Abschied, Bertold Viertel, aus: Bertold Viertel, Daß ich in dieser Sprache schreibe. Gesammelte Gedichte, hrsg. von Günther Fetzer, Carl Hanser Verlag, München 1980.
Mutter, Gottfried Benn, aus: Gottfried Benn, Sämtliche Werke. Stuttgarter Ausgabe. In Verb. mit Ilse Benn hrsg. von Gerhard Schuster. Band I: Gedichte 1. Klett-Cotta Stuttgart 1986.
Wenn ich meine Gedanken…, Gitta Deutsch, unveröffentlicht.
Über einer Todesnachricht, Albrecht Goes, aus: Albrecht Goes, Lichtschatten du. Gedichte aus fünfzig Jahren, © S. Fischer Verlag, Frankfurt am Main 1978.
Du bist ein Schatten am Tage…, Friedrich Rückert, aus: Friedrich Rückert, Kindertodtenlieder, Insel Verlag.

*Ich möchte meine Stimme wie ein Tuch hinwerfen
über deines Todes Scherben*
TRAUERN UND BEWAHREN

Requiem für eine Freundin, Rainer Maria Rilke, aus: Rainer Maria Rilke, Werke II, Insel Verlag, Frankfurt am Main.
Das einzige Kind, Sascha Wagner*
Meine beiden Gesichter, Renate Salzbrenner, aus: Renate Salzbrenner, Auf einem Regenbogen, © 1995, alle Rechte bei der Verfasserin.
Sehnsucht, Sabine Niebuhr*
Sehnsucht, Maike*
...denn es fehlt einer, Jutta Klinkhammer-Hubo*
Ich kenne jene etwas sonderbaren Familien..., Antoine de Saint-Exupéry, aus: Antoine de Saint-Exupéry, Nachtflug, S. Fischer, Frankfurt am Main ⁸1997.
Am Tage deiner Beerdigung, Anne Philipe, aus: Anne Philipe, Ich höre dich atmen, Rowohlt Verlag, Hamburg, oder: Nur einen Seufzer lang, Rowohlt Verlag, Hamburg.
Du warst es wert, Gitta Deutsch, aus: Gitta Deutsch, An einem Tag im Februar. Gedichte, Aigner Verlag, Salzburg 1988 (AV-Edition Band 9).
Die Entfernung zwischen dir und mir, Gitta Deutsch, a.a.O.
...soll ich mich anklammern..., Marie Luise Kaschnitz, aus: Marie Luise Kaschnitz, Was willst du, du lebst, Fischer Taschenbuch Verlag, Frankfurt am Main 1992, © Claassen Verlag, Hildesheim.
Dein Schweigen, Marie Luise Kaschnitz, a.a.O.
Trauerarbeit, Dorothee Sölle, Verlag Wolfgang Fietkau, Berlin.

Umsonst habe ich auf einen Tröster gewartet
EINSAMKEIT UND KLAGE

Die Schmach bricht mir das Herz, Psalm 69,21.
Ihr alle, die ihr des Weges zieht, Klagelieder 1, 12, 16.
Aus mir spricht die Verzweiflung, aus: Buch Hiob 6 und 7.

Meine Seele will sich nicht trösten lassen, in Psalm 77.
Warum denn ich?, Sabine Niebuhr*
Mein Gott, ich klage Dir meinen Zustand, Jörg Zink, aus: Jörg Zink/Hans-Jürgen Hufeisen, Feier der Schöpfung, Kreuz Verlag, Stuttgart 1993, S. 63 ff.
Der Ölbaum-Garten, Rainer Maria Rilke, aus: Rainer Maria Rilke, Werke I, Insel Verlag, Frankfurt am Main.
Mein Gott, mein Gott, warum hast du mich verlassen?, Psalm 22.
Wie sollten wir es nicht schwer haben?, Rainer Maria Rilke, aus: Insel Bücherreihe Nr. 604.
Ich bin der Welt abhanden gekommen, Friedrich Rückert, aus: Friedrich Rückert, Kindertodtenlieder, Insel Verlag.
Ich schäme mich fast, Friedrich Rückert, a. a. O.
Sprechen zu dürfen, Gitta Deutsch, aus: Gitta Deutsch, An einem Tag im Februar. Gedichte, Aigner Verlag, Salzburg 1988 (AV-Edition Band 9).
Wie kann ich es ..., Gitta Deutsch, a. a. O.
Man sagt mir, Tina Krug*
Manche von uns sind so verzweifelt, Dorothee Sölle, Verlag Wolfgang Fietkau, Berlin.
An den Engel, Auszug aus Werner Bergengruen „An den Engel", erschienen 1958 in: Figur und Schatten, Arche Verlag, Zürich (vergriffen). Abdruck mit freundlicher Genehmigung von Dr. Luise Hackelsberger, Werner-Bergengruen-Archiv Ebenhausen.

Ich möchte einen Mantel weben aus dem Leid einsamer Stunden
TROST UND GEBORGENHEIT

Die Trauer, Freund, macht meine Hände dumm, Irmgard Keun, aus: Irmgard Keun, Wenn wir alle gut wären, © Kiepenheuer & Witsch Köln 1983.
Siehe, um Trost war mir sehr bange, Jesaja 38, 17.
Ihr habt jetzt Trauer, Johannes 16, 22.

Im Land der Trauer, Renate Salzbrenner, aus: Renate Salzbrenner, Auf einem Regenbogen, © 1995, alle Rechte bei der Verfasserin.

Dennoch vertraue ich, Sabine Naegeli, aus: Sabine Naegeli, Du hast mein Dunkel geteilt. Gebete an unerträglichen Tagen, Verlag Herder, Freiburg im Breisgau [12]1997.

Die Situation aufnehmen, Uwe Kynast, unbekannt.

Der Mensch kann nicht leben ohne, Zitat von Franz Kafka.

Das Wort SEIN..., Zitat von Franz Kafka.

Daß dein Tod für alle anderen..., Marie Luise Kaschnitz, aus: Marie Luise Kaschnitz, Was willst du, du lebst, Fischer Taschenbuch Verlag, Frankfurt am Main 1992, Claassen Verlag, Hildesheim.

Was ist schon der Tod?, Bischof Holland, unbekannt.

Widerspruch, Sascha Wagner*

Ich fürchte nicht mehr mein Unvermögen, Sabine Naegeli, aus: Sabine Naegeli, Die Nacht ist voller Sterne. Gebete in dunklen Stunden, Verlag Herder, Freiburg im Breisgau [12]1997.

Wenn es so weit sein wird mit mir, brauche ich den Engel in dir ...
SCHWACHSEIN UND STERBEN

Wenn es so weit sein wird mit mir, Friedrich Karl Barth/Peter Horst, aus: Pfr. Ulrich Jehle (Hrsg.), Ethisch handeln lernen an Krankenpflegeschulen – eine Handreichung für den Unterricht, Stuttgart 1990.

In den Tiefen, die kein Trost erreicht, Justus Delbrück, aus: Jörg Zink, Die Mitte der Nacht ist der Anfang des Tages, Kreuz Verlag, Stuttgart 1968, S. 25.

Du brauchst dich nicht zu ängstigen, aus Psalm 91.

Wunderbar verwebt..., Agnes Miegel, © Deutsche Schillergesellschaft, Marbach am Neckar.

Ich glaube, daß die Krankheiten Schlüssel sind, André Gide, aus: André Gide, Tagebuch 1923–1939. Gesammelte Werke III, Stuttgart 1991, S. 323.

Nachtgebet, Carl Zuckmayer, aus: Carl Zuckmayer, Gedichte, © S. Fischer Verlag, Frankfurt am Main 1977.
Gegen Todesangst zu sagen, Ute Zydek, aus: Ute Zydek, Ein Haus das hab ich nicht. Gedichte, Kiefel Verlag, Wuppertal 1981, Abdruck mit Genehmigung der Autorin.
Ich habe Angst vor dem Tod, Carl Zuckmayer, aus: Der Rattenfänger, © S. Fischer Verlag, Frankfurt am Main 1975.
Ein Gespräch von Zwillingen, Henri J. Nouwen, aus: Henri J. Nouwen, Die Gabe der Vollendung. Mit dem Sterben leben, Verlag Herder, Freiburg im Breisgau ²1995.
Heimweh nach unserem Ursprung, Sabine Naegeli, aus: Sabine Naegeli, Die Nacht ist voller Sterne. Gebete in dunklen Stunden, Verlag Herder, Freiburg im Breisgau ¹²1997.
Das Sterben, Anne Steinwart, aus: Anne Steinwart, Nicht aufzuhalten, Mosaik Verlag, München 1987, © Gruner + Jahr.
Herr bleibe bei uns, Kardinal Newman.
Von guten Mächten treu und still umgeben, Dietrich Bonhoeffer, aus: Dietrich Bonhoeffer, Widerstand und Ergebung (KT 100), © Gütersloher Verlagshaus, Gütersloh ¹⁶1997.

Ihr seid als Blüten früh entschwebt
KIND UND TOD

Ihr habet nicht umsonst gelebt, Friedrich Rückert, aus: Friedrich Rückert, Kindertodtenlieder, Insel Verlag.
Kindertotenlied, Hermine Ehrenberg, aus: Hermine Ehrenberg, Glaskind, Verlag Karl Hart, 97332 Volkach.
Zu klein, Monja Kallus*
Bei den unendlich mannigfaltigen Verkreuzungen…, J. W. von Goethe an Moritz Paul, aus: J. W. von Goethe, Abschied und Übergang, Artemis & Winkler.
Lieber Herr Thomas Mann…, Hermann Hesse an Thomas Mann, aus: Hermann Hesse, Briefwechsel, © Suhrkamp Verlag, Frankfurt am Main 1976.

Auf den Tod eines kleinen Kindes, Hermann Hesse, aus: R. Kunze (Hrsg.), Über o über dem Dom. Gedichte aus 100 Jahren, S. Fischer Verlag, Frankfurt am Main 1986.
Auf meines Kindes Tod, Joseph von Eichendorff.
Drei Tage, drei Nächte hielt ich dich im Arm, Sylvia Frey-Herkle*
Für alle, die mich nicht verstehen..., Monja Kallus*
Denke wieder an die kleine Hand, Sascha Wagner*
Gebet wider die Trauer, Maria Grünwald, aus: Frauen beten... mit eigener Zunge. Texte, gesammelt und herausgegeben von Ruth Ahl, Verlag Herder, Freiburg im Breisgau 1991.
Fasse meine Tränen in deinen Krug, Wolfgang Hinker, aus: Wolfgang Hinker/Volker Metelmann, Ein Kinderlachen ist verstummt. Eltern trauern, Quell Verlag, Stuttgart, S. 90 – 91.
An Maria, Renate Salzbrenner, aus: Renate Salzbrenner, Auf einem Regenbogen, © 1995, alle Rechte bei der Verfasserin.
Dehnen, Rose Ausländer, aus: Rose Ausländer, Ich höre das Herz des Oleanders. Gedichte 1977 – 1979, © S. Fischer Verlag, Frankfurt am Main 1984.

Ich fasse dich mit meinem Herzen wie mit einer Hand
LIEBE UND ERINNERUNG

Liebesgedicht, Rainer Maria Rilke, aus: Rainer Maria Rilke, Werke I, Insel Verlag, Frankfurt am Main.
Man weiß, daß die akute Trauer..., Sigmund Freud an Ludwig Binswanger, aus: Sigmund Freud/Ludwig Binswanger, Briefwechsel 1908 – 1938, © S. Fischer Verlag, Frankfurt am Main 1992.
Da ist ein Land der Lebenden, Zitat von Thornton Wilder.
Zu deinem Gedenken, Renate Salzbrenner, aus: Renate Salzbrenner, Auf einem Regenbogen, © 1995, alle Rechte bei der Verfasserin.

Es gibt nichts, was uns die Abwesenheit..., Dietrich Bonhoeffer, aus: Dietrich Bonhoeffer, Widerstand und Ergebung (KT 100), © Gütersloher Verlagshaus, Gütersloh ¹⁶1997.
Nur geborgt, Renate Salzbrenner, aus: Renate Salzbrenner, Auf einem Regenbogen, © 1995, alle Rechte bei der Verfasserin.
das licht der tage, Jörgen Habedank*
Wenn ich gestorben bin, Irischer Segenswunsch.
Beim Aufgang der Sonne, Tore des Gebets, Reformiertes jüdisches Gebetbuch, aus: Wenn das Leben mit dem Tod beginnt, hrsg. von der Arbeitsgruppe „Der frühe Tod", Christine Ehlers, Christine George, Juliane Grage u. a., © Elwin Staude Verlag, Hannover 1994.
Erinnerung, Jean Paul
Gute Erinnerungen sind die Blumen, Sascha Wagner*
Welche Melodie bist du?, Jewgeni Jewtuschenko, aus: Betz, Das Leben meditieren, Pfeiffer Verlag.
Daß du so warst, Gitta Deutsch, unveröffentlicht.

Die Liebe ist das Bildnis, das man sich von Gott machen darf
ZUVERSICHT UND HOFFNUNG

An mein Kind, Else Lasker-Schüler, aus: Else Lasker-Schüler, Gedichte 1902–1943, © Suhrkamp Verlag, Frankfurt am Main 1996.
Hoffnung, Rose Ausländer, aus: Rose Ausländer, Ich höre das Herz des Oleanders. Gedichte 1977–1979, © S. Fischer Verlag, Frankfurt am Main 1984.
Trauerseminar in Bad Segeberg, Ilse Karsch*
Trauer kann man nicht überwinden, Sascha Wagner*
Denn ich weiß wohl, Jesaja 29, 11.
Wir wollen euch über die Verstorbenen..., 1. Tess. 4, 13–14, 18.
Unendlichkeit, Renate Salzbrenner, aus: Renate Salzbrenner, Auf einem Regenbogen, © 1995, alle Rechte bei der Verfasserin.

Zeichen, Hermine Ehrenberg, aus: Hermine Ehrenberg, Glaskind, Verlag Karl Hart, 97332 Volkach.
Am Ende meines Weges, Indianische Weisheit.
Als ob es die Toten gäbe!, Michel Quoist, aus: Herr, da bin ich. Gebete, Verlag Styria, Graz Wien Köln, [6.2]1997.
wenn ich gestorben bin..., Kurt Marti, aus: Kurt Marti, Werkauswahl in fünf Bänden, aus: Namenszug mit Mond. Gedichte, © 1996 Verlag Nagel & Kimche AG, Zürich/Frauenfeld.
Freund, leb wohl, Sergej Jessenin, aus: R. Kunze (Hrsg.), Über o über dem Dom. Gedichte aus 100 Jahren, S. Fischer Verlag, Frankfurt am Main 1986.
Gott, zu dir rufe ich, Dietrich Bonhoeffer, aus: Dietrich Bonhoeffer, Widerstand und Ergebung (KT 100), © Gütersloher Verlagshaus, Gütersloh [16]1997.
Meine liebe kleine Schwester, Franz Rosenzweig, Quelle unbekannt.

Ganz vergessen habe ich so viele Wunder,
die mir einst das Herz erlösten
NATUR UND FRIEDEN

Versäumnis, Ina Seidel, aus: Ina Seidel, Gedichte, © 1955 Deutsche Verlags-Anstalt GmbH, Stuttgart.
Nach schwerem Winter, Albrecht Goes, aus: Albrecht Goes, Lichtschatten du. Gedichte aus fünfzig Jahren, © S. Fischer Verlag, Frankfurt am Main 1978.
Unruhig ist's in der Natur, Friedrich Rückert, aus: Friedrich Rückert, Kindertodtenlieder, Insel Verlag.
Frühlingsgedanken, Sascha Wagner*
Nicht alle Schmerzen sind heilbar, Ricarda Huch, unbekannt.
Frühling, Renate Salzbrenner, aus: Renate Salzbrenner, Auf einem Regenbogen, © 1995, alle Rechte bei der Verfasserin.
Und, Rose Ausländer, aus: Rose Ausländer, Wieder ein Tag aus Glut und Wind. Gedichte 1980–1982, © S. Fischer Verlag, Frankfurt am Main 1986.

Es gibt sie noch, Gitta Deutsch, unveröffentlicht.
Wissende Menschen schenkten, Ilse Karsch*
Trost, Ina Seidel, aus: Ina Seidel, Gedichte, © 1955 Deutsche Verlags-Anstalt GmbH, Stuttgart.
Du weißt, daß hinter den Wäldern, Eugen Roth, © Dr. Eugen Roth Erben München.
Angenehme Vorstellungen von Dingen, Marie Luise Kaschnitz, aus: Marie Luise Kaschnitz, Was willst du, du lebst, Fischer Taschenbuch Verlag, Frankfurt am Main 1992, © Claassen Verlag, Hildesheim.
Der Möglichkeitssinn, Robert Musil, aus: Robert Musil, Gesammelte Werke, Copyright © 1978 by Rowohlt Verlag, Reinbek.
Karsamstagslegende, Bertolt Brecht, aus: Bertolt Brecht, Gesammelte Werke, © Suhrkamp Verlag, Frankfurt am Main 1967.
Leben ist nur..., Rainer Maria Rilke, Insel Verlag, Frankfurt am Main.
Hoffnung, Peter Härtling, aus: Peter Härtling, Die Gedichte 1953–1987, © 1995 by Verlag Kiepenheuer & Witsch, Köln.

Es ist das Jahr des Treibsands
ANPASSUNG UND VERÄNDERUNG

Ein Jahr heißt es, Gitta Deutsch, aus: Gitta Deutsch, An einem Tag im Februar. Gedichte. Aigner Verlag, Salzburg 1988 (AV-Edition Band 9).
Über das „Stark-Sein", Sascha Wagner*
Es gibt nur eine Freiheit, Zitat von Albert Camus.
Die Zeit, Gott zu suchen, Franz von Sales.
Wenn Sie an Gott nicht mehr glauben können, Rainer Maria Rilke, Insel Bücherreihe Band 604.
Ein jegliches hat seine Zeit, Prediger 3, 1–7.
Alles hat seine Zeit, Gudrun Born, unbekannt.
Gott, gib mir die Gelassenheit, Friedrich Christoph Oetinger.

Ich weiß nicht warum..., Zitat von Iris Bolten, USA.
Ganz langsam erst, Gitta Deutsch, unveröffentlicht.
Dein Todestag, Renate Salzbrenner, aus: Renate Salzbrenner, Auf einem Regenbogen, © 1995, alle Rechte bei der Verfasserin.
In den Tag finden, Sabine Naegeli, aus: Sabine Naegeli, Die Nacht ist voller Sterne. Gebete in dunklen Stunden. Verlag Herder, Freiburg im Breisgau ¹²1997.
woher das kreuz, Jörgen Habedank*
Ziehende Landschaft, Hilde Domin, aus: Hilde Domin, Gesammelte Gedichte, © S. Fischer Verlag, Frankfurt am Main 1987.

Reich um das Verlorene und vermehrt
um jenen unendlichen Schmerz
WACHSTUM UND VERWANDLUNG

Wenn etwas uns fortgenommen wird, Rainer Maria Rilke, aus: Buch der Bilder, Insel Verlag, Frankfurt am Main.
Ich möchte Sie, so gut ich es kann, Rainer Maria Rilke in einem Brief an Kappus, aus: Insel Band Nr. 604.
Resignation für Anfänger, Mascha Kaléko, aus: Mascha Kaléko, In meinen Träumen läutet es Sturm, © 1977 Deutscher Taschenbuch Verlag, München, S. 118.
Optimismus, Dietrich Bonhoeffer, aus: Dietrich Bonhoeffer, Widerstand und Ergebung (KT 100), © Gütersloher Verlagshaus, Gütersloh ¹⁶1997.
„Es ist alles umsonst", Jürgen Moltmann, unbekannt.
Trauerarbeit, Rainer Maria Rilke, Insel Band Nr. 604.
Sie haben viele und große Traurigkeiten gehabt, Rainer Maria Rilke, Insel Band 604.
Wenn der Tod die einzige Lösung ist, Zitat von Albert Camus.
Wie konnte ich, Zitat von Albert Camus.
Es mag durchaus sein, Jörg Zink, aus: Jörg Zink, Trauer hat heilende Kraft, Kreuz Verlag, Stuttgart 1985, S. 40.

Noch bist du da
ENDE UND NEUBEGINNN

Noch bist du da, Rose Ausländer, aus: Rose Ausländer, Ich höre das Herz des Oleanders. Gedichte 1977–1979, © S. Fischer Verlag, Frankfurt am Main 1984.
Ich habe Angst, Ilse Karsch*
Brüste sich wer da will, Eva Zeller, aus: Eva Zeller, „Fliehkraft". Gedichte, © 1975 Deutsche Verlags-Anstalt GmbH, Stuttgart.
Du wirst deinen Mut, Sascha Wagner*
Mut gibt es eigentlich gar nicht, Martin Walser, aus: Martin Walser, Werke, Band 4: Jenseits der Liebe, © Suhrkamp Verlag, Frankfurt am Main 1976, S. 108 f.
Die Gefährdung überwinden, Sabine Naegeli, aus: Sabine Naegeli, Die Nacht ist voller Sterne. Gebet in dunklen Stunden. Verlag Herder, Freiburg im Breisgau [12]1997.
ihr fragt, Kurt Marti, aus: Kurt Marti, Werkauswahl in fünf Bänden, aus: Namenszug mit Mond. Gedichte, © 1996 Verlag Nagel & Kimche AG, Zürich/Frauenfeld.
Nicht müde werden, Hilde Domin, aus: Hilde Domin, Gesammelte Gedichte, © S. Fischer Verlag, Frankfurt am Main 1987.
Ausblick, Sabine Naegeli, aus: Sabine Naegeli, Die Nacht ist voller Sterne. Gebete in dunklen Stunden, Verlag Herder, Freiburg im Breisgau [12]1997.
Ich wollte das Leiden vermeiden, Heinz-Jürgen Harder, aus: Heinz-Jürgen Harder, Nachrichten aus Babylon: Gedichte, © Lutherisches Verlagshaus, Hannover 1980, S. 87.
Unterwegs nach Emmaus, Christa Peikert-Flaspöhler, aus: Christa Flahspöhler, Füße hast du und Flügel. Gedichte, © Lahn-Verlag, Limburg, [2]1986.
Er ist das Wort..., Wolfgang Federau, aus: Te deum, Privatverlag, Lübeck.

Ich wünsche dir nicht ein Leben ohne Schmerz
WÜNSCHE UND SEGEN

Nicht alle unsere Wünsche, Zitat von Dietrich Bonhoeffer.
Ich wünsche dir nicht, Jörg Zink, aus: Jörg Zink, Mehr als drei Wünsche, Kreuz Verlag, Stuttgart 1983, S. 6 f.
Mut zu einem reichen, verwundbaren Leben, anonym.
Ich wünsche dir, Irischer Segenswunsch.
Glück-Wunsch, Kurt Marti, aus: Kurt Marti, Werkauswahl in fünf Bänden, aus: Namenszug mit Mond. Gedichte, © 1996 Verlag Nagel & Kimche AG, Zürich/Frauenfeld.
Der Segen der Trauernden, Marie-Luise Wölfing*
Seligpreisung eines alten Menschen, aus Afrika.
Mitmenschen, nehmt uns Trauernde an, Erika Bodner*
Um den Segen bitten, Sabine Naegeli, a. a. O.
Vergiß die Träume nicht, Irischer Segenswunsch.
Rosen der Gerechtigkeit, Jesaja 61.
Möge dein Weg, Irischer Reisesegen, aus: Jörg Zink, Sei gesegnet jeden Tag. Lieder und Segensworte aus dem alten Irland, © Verlag am Eschbach/Markgräfler Land, [4]1996.
Der Aaron-Segen, Jörg Zink nach 4. Mose 6, aus: Heidi und Jörg Zink, Wie Sonne und Mond einander rufen. Gespräche und Gebete mit Kindern, Kreuz Verlag, Stuttgart 1980, S. 125.

ABBILDUNGSNACHWEIS

Julie Fritsch, *Liegende* (S. 63), *Hände* (S. 115), aus: Julie Fritsch/Sherokee Ilse, Unendlich ist der Schmerz... Eltern trauern um ihr Kind, Kösel Verlag, München 1995.

Käthe Kollwitz, *Zertretene* (S. 49), *Frau mit totem Kind* (S. 101), *Mutter und toter Sohn* (ebenda), *Die Eltern* (ebenda), *Das Warten* (S. 151), © VG Bild-Kunst, Bonn 1997.

Edvard Munch, Trost (S. 79), © The Munch Museum / The Munch Ellingsen Group / VG Bild-Kunst, Bonn 1997.

Georges Rouault, Emmaus-Jünger (S. 173), © VG Bild-Kunst, Bonn 1997.

ANMERKUNG DES VERLAGES:

Wir danken den Verlagen und Rechteinhabern für die erteilten Abdruckgenehmigungen. Bei einigen Texten war es trotz gründlicher Recherchen nicht möglich, den oder die Inhaber der Rechte ausfindig zu machen. Honoraransprüche bleiben bestehen.

Trauernden und Sterbenden nahe sein

Monika Müller/Matthias Schnegg
Unwiderbringlich – Vom Sinn der Trauer
Hilfen bei Verlust und Tod
ISBN 3-451-26398-X
Die Autoren beschreiben anschaulich und einfühlsam, was im Prozeß der Trauer passiert und was diese Erfahrung für jeden einzelnen bedeutet.

Lis Bickel/Daniela Tausch-Flammer
**Wenn ein Mensch gestorben ist –
wie gehen wir mit dem Toten um?**
Anregungen und Hilfen
224 Seiten, Klappenbroschur,
ISBN 3-451-23693-1
Die Autorinnen möchten nicht den Finger auf eine Wunde legen, sondern helfen, sie zu schließen.

Diane Komp
Liebe reicht ins Land des Schattens
Welche Hoffnung kranke Kinder schenken – Erfahrungen einer Kinderärztin
128 Seiten, Paperback
ISBN 3-451-23613-3
Erfahrungen mit Kindern, die tief berühren: Wie Krisen neue Kräfte freilegen können.

Daniela Tausch-Flammer/Lis Bickel
Wenn Kinder nach dem Sterben fragen
Ein Begleitbuch für Kinder, Eltern und Erzieher
Gemeinsam mit Kindern über das Unbegreifliche sprechen.
176 Seiten, Paperback
ISBN 3-451-23141-7
Zwei erfahrene Autorinnen helfen auf einfühlsame Weise, Kinder in ihrem Schmerz und in ihrer Trauer behutsam zu begleiten.

HERDER

Enna Pertim
Abschied heißt nicht Ende
Frauen erzählen über den Tod ihres Partners und ihr Leben
nach dem Verlust
Band 4593
Neben aller Erschütterung können Frauen im Aushalten der Trauer auf
ganz neue Weise ihren Mut und ihre Kraft entdecken.

Leonard Felder
Da sein, wenn wir gebraucht werden
Hilfen für Schwerkranke und ihre Angehörigen
Band 4541
„... ein wundervolles Buch: durchdacht, fundiert, umfassend" (Elisabeth
Kübler-Ross). Mit aktuellen Tips und Adressen.

Daniela Tausch-Flammer
Sterbenden nahe sein
Was können wir noch tun?
Band 4508
Im Umgang mit sterbenden Angehörigen sind wir oft sehr hilflos. Erfahrungsberichte und Denkanstöße.

Andrea Hesse
Schatten auf der Seele
Wege aus Angst und Depression – Meine Erfahrungen
mit Therapien
Band 4510
Eine Betroffene zeigt, wie es gelingen kann, die Zwischentöne im Leben zu
integrieren.

Ruth Eder
Ich spür noch immer ihre Hand
Wie Frauen den Tod ihrer Mutter bewältigen
Band 4447
Erwachsene Töchter erzählen von Sehnsüchten, vom Ringen um Liebe und
vom warmen Kontakt: offen, schmerzlich und bewegend.

HERDER / SPEKTRUM

Elisabeth Albrecht/Christel Orth/Heida Schmidt
Hospizpraxis
Ein Leitfaden für Menschen, die Sterbenden helfen wollen
Band 4399
Leben bis zuletzt: Wie man Tod und Sterben aus der sozialen Isolierung befreien und Sterbende auf ihrem Weg begleiten kann, informiert das erfahrene Team der Deutschen Hospizbewegung.

von Franz/Frey-Rohn/Jaffé
Erfahrungen mit dem Tod
Archetypische Vorstellungen und tiefenpsychologische Deutungen
Band 4324
Drei faszinierende Beiträge, die das geheimnisvolle Erlebnis des Todes als eine Wandlung zu neuem Sein verstehen.

Verena Kast
Sich einlassen und loslassen
Neue Lebensmöglichkeiten bei Trauer und Trennung
Band 4261
Den Blick nach vorn richten, eine neue Lebens-Leidenschaft entwickeln: Das sind Chancen, die das Leben auch im Loslassen reicher machen.

Paula D'Arcy
Wenn ein naher Mensch in Trauer ist
Wie wir richtig begleiten können
Band 4255
Konkrete Hilfe für alle, die einem Menschen im fremden Land der Trauer zur Seite stehen möchten.

Ruth C. Cohn
Es geht ums Anteilnehmen
Die Begründerin der Themenzentrierten Interaktion zur Persönlichkeitsentfaltung
Band 4224
Ganzheitliches Miteinanderlernen als Grundprinzip: eine partnerschaftliche Methode, entwickelt von einer inspirierenden Frau.

HERDER / SPEKTRUM

Liliane Juchli
Wohin mit meinem Schmerz?
Hilfe und Selbsthilfe bei seelischem und körperlichem Leiden
Band 4212
Wann helfen Medikamente oder Psychotherapien? Wo sind Naturheilmittel sinnvoll? Die erfahrene Schmerztherapeutin gibt Antwort.

Cicely Saunders
Hospiz und Begleitung im Schmerz
Wie wir sinnlose Apparatemedizin und einsames Sterben
vermeiden können
Band 4213
Die Gründerin der Hospizbewegung zeigt konkret, wie sich Leiden lindern läßt. Das Handbuch für alle, die Sterbenden hilfreich nahe sein wollen.

Paul Sporken
Mein Weg zurück ins Leben
Krankheit und Alter bejahen
Band 4078
Stationen des Kampfes um ein gelingendes Leben – wider die Mutlosigkeit, trotz Alter und Krankheit.

Johann-Christoph Student
Im Himmel welken keine Blumen
Kinder begegnen dem Tod
Band 4071
Sensibel, ehrlich, tröstlich: „Antworten auf die brennenden Fragen aller Betroffenen" (Ja zum Kind).

Richard Lamerton
Sterbenden Freund sein
Helfen in der letzten Lebensphase
Vorwort von Paul Türks
Band 4004
Richard Lamerton, ein Arzt der Hospizbewegung, zeigt: menschliche Nähe für Sterbende und Trauernde ist wichtig und möglich.

HERDER / SPEKTRUM